阅读推广文化志愿服务

——贵州公共图书馆特色文化志愿服务研究案例选粹

周媛 周琦 主编

中国书籍出版社
China Book Press

图书在版编目（CIP）数据

阅读推广文化志愿服务：贵州公共图书馆特色文化志愿服务研究案例选粹 / 周媛、周琦主编. -- 北京：中国书籍出版社, 2019.6
ISBN 978-7-5068-7189-1

Ⅰ.①阅… Ⅱ.①周…②周… Ⅲ.①公共图书馆—图书馆服务—案例—贵州 Ⅳ.① G259.277.3

中国版本图书馆 CIP 数据核字（2018）第 295280 号

阅读推广文化志愿服务——贵州公共图书馆特色文化志愿服务研究案例选粹
周媛　周琦　主编

责任编辑	朱琳
责任印制	孙马飞　马　芝
封面设计	浦洋伟业
出版发行	中国书籍出版社
社　　址	北京市丰台区三路居路 97 号（邮编：100073）
电　　话	（010）52257143（总编室）　　（010）52257140（发行部）
电子邮箱	eo@chinabp.com.cn
经　　销	全国新华书店
印　　刷	北京虎彩文化传播有限公司
开　　本	787mm×1092mm　　1/16
字　　数	350 千字
印　　张	16.75
版　　次	2019 年 6 月第 1 版　　2019 年 6 月第 1 次印刷
书　　号	ISBN 978-7-5068-7189-1
定　　价	128.00 元

版权所有　侵权必究

编委会

主　　任　刘宇松
副 主 任　韩　洪　张少华
主　　编　周　媛　周　琦
编委人员　周　媛　周　琦　王　骏　黄　瑾　李艾莲
　　　　　吴　捷　吴优优　邓弘扬

导言

　　党的十九大报告强调"推进诚信建设和志愿服务制度化，强化社会责任意识、规则意识、奉献意识"。文化志愿服务是志愿服务的重要组成部分，特色文化志愿服务是社会主义核心价值观的体现，是中国特色志愿服务理论框架下，对文化志愿服务从大众化一般性服务向专业、精准、科学发展的要求和呈现，具有适合于地方文化及经济发展水平、行业性、专业性的先进文化志愿服务。公共图书馆特色文化志愿服务是公共图书馆组织文化志愿者，利用公共图书馆资源、平台及技术，满足公众日益增长的对知识、信息及相关文化活动所需求的志愿服务活动。当今时代，全民阅读已成为社会的共识，阅读推广是公共图书馆的行业特色文化服务，但数量有限的公共图书馆服务工作者难以满足日益增长的对阅读服务的需求，在公共图书馆事业基础薄弱的经济欠发达地区，阅读服务需求与公共图书馆儿童事业的现状落差更甚。公共图书馆整合社会资源，开展儿童阅读推广的特色文化志愿服务，组织文化志愿者加入到阅读推广公益活动及图书馆的管理工作中，一方面可以优化资源配置，缓解日渐增加的公众文化需求与图书馆的人力不足之间的矛盾，另一方面文化志愿者还可以充分发挥自己的专业特长满足不同读者的文化需求，并满足人的社交、尊重和自我实现的高阶心理需求的正能量模式。因此，合理利用文化志愿者资源，推动"志愿者给力""图书馆得力"双赢态势的形成，使公民个人层面的价值准则、社会层面的价值取向、国家层面的价值目标统一是值得图书馆深入研究和实践的课题。

　　文化志愿服务伴随和见证了贵州省图书馆未成年人事业的成长。2007年贵州省图书馆少儿部组建，2009年少年儿童借阅室对少年儿童开放。在人力不足、经费缺少的情况下，志愿者极大地助力了图书馆儿童阅读推广工作。从2009年招募第一批志愿者，到打造出专业化的布客儿童志愿服务团队；从2010年与多家单位联合开展"赠人玫瑰，手有余香"

公益活动，募集第一个为特殊儿童群体服务的儿童公益图书室，到 2017 年成立 34 个布客书屋，将布客书屋塑造为服务于经济欠发达地区儿童的服务品牌；从开始只有一个服务功能区，到建成贵州省第一家公益绘本馆，再到建成贵州省公共图书馆第一个以儿童阅读为主题的阅读推广活动中心，贵州省图书馆的未成年人事业向前发展，文化志愿服务工作在此平台也向前发展。

经过多年的努力，贵州省图书馆形成了专门致力于儿童阅读推广的"布客"特色文化志愿服务品牌项目。在布客主品牌旗下有三个平行子品牌：布客书屋、布客儿童阅读推广志愿服务队、布客绘本故事会。三个子品牌通过搭平台、建队伍、做活动，相互关联、相互支撑。"布客"文化志愿服务品牌的活动与项目多次获得表彰：

2012年"社区儿童图书音乐节"获中国图书馆学会"全民阅读推广活动经典、创新案例"一等奖，并在 2012 年中国图书馆学会东莞年会图书馆未成年人服务展区进行现场案例展示。

2013年《贵阳市社区儿童阅读共享项目》获"社区乡镇阅读推广活动优秀案例征集"最佳案例奖第一名。

2014年"越读越精彩贵阳市社区少儿阅读推广活动"项目获出版界图书馆界全民阅读年会"全民阅读案例征集与评选"案例二等奖。

2016年《新布客书屋儿童阅读推广服务项目》获出版界图书馆界全民阅读年会中全民阅读案例一等奖。

2017年《新布客书屋儿童阅读推广服务项目》获贵州省阅读办颁发的 2016 年度贵州省"十大全民阅读活动"奖项。

2018年 2 月，文化部授予"贵州省图书馆布客儿童阅读推广文化志愿服务队""2017年基层文化志愿服务典型团队"殊荣，同时授予"贵州省图书馆布客儿童阅读推广项目""2017 年基层文化志愿服务活动典型案例"殊荣。

2018年3月，贵州省文化厅授予"贵州省图书馆布客儿童阅读推广文化志愿服务队""贵州省优秀文化志愿服务团队"称号。

2018年 4 月，中央宣传部、中央文明办等 11 部门授予"贵州省图书馆布客儿童阅读推广文化志愿服务队"学雷锋志愿服务"四个 100"先进典型活动的"最佳志愿服务组织"殊荣。

本书是对贵州省公共图书馆文化志愿服务工作的实践及研究成果梳理。一是理论篇，收录了对特色文化志愿服务的剖析，贵州省公共图书馆开展特色文化志愿服务调查分析报告，以及对贵州省省级、地市级、县级的各级图书馆特色文化志愿服务进行的实证研究，

导言

为经济欠发达地区文化志愿服务理论研究工作燃起星星之火。二是项目活动篇，有贵州省图书馆历年来获得行业表彰的阅读推广文化志愿服务大型项目案例，还有布客儿童阅读推广文化志愿服务队开展的集体活动教案30篇，是对贵州省特色文化志愿服务的一个阶段性回顾与展望，是立足于本地图书馆事业现状，生长于斯的鲜活志愿服务实例的实证研究。可为欠发达地区公共图书馆、志愿者、学校等开展特色文化志愿服务提供参考。"十三五"时期是全面建成小康社会决胜阶段，经济欠发达地区应将文化志愿服务、阅读推广与扶贫工作相结合，实现个人价值、行业价值、社会价值的共振共赢，推动社会的文明进步和发展。

感谢贵州省文化厅对图书馆文化志愿服务的大力支持！感谢支持和协助我们工作的诸多图书馆！感谢华东师范大学信息管理系范并思教授对我们工作的倾力指导！感谢图书馆的小伙伴们，大家彼此相互信任，相互鼓励，共同努力做成了一些有意义而又有趣的事情！感谢因认同"至乐读书，共享阅读"这一共同理念而凝聚的文化志愿者朋友们，我们在儿童阅读推广事业中共同进步成长。

（说明："布客"与"新布客"系同一品牌。贵州省图书馆于2009年开始使用"布客"品牌，2016年在国家商标局对其进行商标注册工作时，发现"布客"名称已在2011年被某公司注册。贵州省图书馆申请的品牌LOGO获通过，"新布客"注册名未能通过。

经向贵州省图书馆法律顾问咨询，按商标在先使用权原则，即在注册商标的申请日之前，就已经在该商标注册核定使用的商品或服务，或者类似商品或服务上善意连续地使用与注册商标相同或者近似商标的，该商标使用人有权继续在原商品或者服务上使用该商标，因此贵州省图书馆继续使用"布客"作为文化志愿服务品牌名。）

目录

理论篇

公共图书馆特色文化志愿服务解析 …………………………………… 韩 洪 3

贵州省公共图书馆特色文化志愿服务调查分析 ………………………… 吴优优 15

浅谈欠发达地区公共图书馆员职业素质对图书馆志愿服务的内推作用…… 邓弘扬 23

欠发达地区公共图书馆文化志愿服务探索——以贵州省图书馆为例 …… 张少华 30

公共图书馆文化志愿服务保障机制的探讨——以贵州文化志愿服务为例 …… 周 琦 36

经济欠发达地区公共图书馆对未成年人志愿者的培育和管理模式探究 …… 黄 瑾 45

公共图书馆文化志愿者服务的心理探究——以贵州省图书馆文化志愿者为例 …… 王 骏 53

阅读推广志愿服务视角下的儿童阅读心理 ………………………………… 李艾莲 62

"工作融入"与组织社会化——基于 HR 视角的阅读推广志愿者流失原因及队伍维系策略分析 ………………………………………………………………… 刘雪飞 67

公共图书馆特色文化志愿服务品牌构建研究——以布客书屋儿童阅读推广服务项目为例 …………………………………………………………………… 周 媛 73

文化志愿服务常态化活动与团队建设的思考——以贵州省图书馆为例 …… 吴 捷 81

特色文化志愿服务模式的复制推广探索——以六盘水市图书馆为例 …… 梅 梅 86

基于阅读推广的图书馆文化志愿者服务模式探究与实践——以黔南州图书馆文化志愿者服务实践为例 …………………………………………………… 李纪英 92

经济欠发达地区县级公共图书馆文化志愿者服务探索——以正安县图书馆为例 ………………………………………………………………………… 冯 康 102

县级公共图书馆文化志愿服务工作实践——以乌当区图书馆文化志愿工作为例 …… 彭 炜 106

基层图书馆与社会团队合作文化志愿服务之路的探索——以贵州省三穗县图书馆为例 ………………………………………………………………… 万文才 112

项目活动篇

标题	作者	页码
阅读与音乐的同步推广——贵阳2012年"世界读书日"乡村儿童图书音乐节	周 琦	118
贵阳市社区儿童阅读共享项目	吴 捷	129
"越读越精彩"贵阳市社区少儿阅读推广活动	王 骏	139
新布客书屋儿童阅读推广服务项目	周 媛 吴优优	144
公益文化一日游	王 骏 周 琦	148
安的种子——2016年贵阳市"社区儿童图书音乐节"绘本分享	黄 瑾	152
奥莉薇	李韵楠 李艾莲	154
猜猜我有多爱你——阅读推广走进贵阳市小河区馨苑幼儿园	黄 瑾	159
达芬奇想飞	黄 河	164
大脚丫跳芭蕾	周 萍 周 琦	172
花婆婆	马丽萍 王 骏	175
I want my tooth	王 琴	177
犟龟——阅读推广走进"布客书屋"项目点贵阳市花溪华艺学校	潘建平 黄 瑾	184
懒奥西	刘艳红	188
魔法森林的夜晚	刘艳红	190
马克的零用钱	鲁志荣 刘艳红	192
你不知道的三个好朋友	陈丹飞 王 骏	194
年除夕的故事	朱 丹 周 琦	196
失落的一角——阅读推广走进贵阳市第十一幼儿园	黄 瑾	199
神奇飞书	周 媛 吴优优	203
是谁嗯嗯在我的头上——绘本故事会志愿培训分享会	李韵楠 周 琦	206
石头汤	黄 河 李艾莲	210
田鼠阿佛——筑东大兴小学阅读推广教学公开课	黄红梅 周 琦	214
图书馆狮子	黄 河 李艾莲	217
不一样的卡梅拉：我想去看海——阅读推广走进贵阳市贵乌社区	黄 瑾	220
小海龟和大海的歌	张馨月	224
小猪变形记	周 萍 李艾莲	226
鸭子骑车记——阅读推广走进流动儿童学校	邓 柯 周 琦	229
月亮之歌	陈丹飞 吴 捷	234
音乐剧《黄雨伞》——体验经典，展示经典	刘弋轩 周 琦	237

爷爷的肉丸子汤——台湾故事屋创始人张大光亲临省图讲故事 … 张大光　吴优优　240
爷爷一定有办法 ……………………………………………………… 向红玲　243
这是我的！ ………………………………………………… 王　骏　李艾莲　246

附录

贵州省图书馆文化志愿工作获奖文件及证书 ……………………………… 250
贵州省图书馆首批"新布客"儿童阅读推广五星志愿者 ……………………… 253

理论篇

公共图书馆特色文化志愿服务解析

韩 洪 （贵州省图书馆，贵州 贵阳 550004）

摘 要： 特色文化志愿服务是中国特色志愿服务理论框架下，对社会主义核心价值观的实际践行。公共图书馆特色文化志愿服务是具有公共图书馆行业文化服务特色，充分利用公共图书馆的平台、资源及技术，开展公众公共文化需求的文化志愿服务活动。本文梳理近年来的公共图书馆特色文化志愿服务及其表征，论述公共图书馆应将文化志愿服务与服务全民阅读的职能相结合，构建专业、精准、科学的特色文化志愿服务。

关键词： 公共图书馆；特色文化志愿服务；文化志愿服务案例

1. 特色文化志愿服务的时代背景

文化是国家软实力的核心要素，文化志愿服务是中国志愿服务中的重要组成部分，蕴含着厚重的中华优秀传统文化，是对社会主义核心价值观的实际践行。文化部、中央文明办从2012年起对文化志愿服务工作进行总体部署，在2012年发布的《关于广泛开展基层文化志愿服务活动的意见》中，指出基层文化志愿服务活动要注重培育活动品牌，"各地各有关单位要结合自身开展文化志愿服务的基础、特点和优势，创新服务内容、工作方式和活动载体，探索具有地方或行业特色的文化志愿服务模式，以关爱空巢老人、留守儿童、农民工、残疾人为重点，突出志愿服务人文关怀，着力培育和打造一批文化志愿服务品牌，形成示范带动效应，推动基层文化志愿服务工作高水平开展"[1]，号召广泛开展基层文化志愿服务活动，2013年开展"文化志愿者基层服务年系列活动"，让文化志愿者到基层为社会大众开展志愿服务，2014年文化志愿服务推进年系列活动，进一步地推动和深化文化志愿服务，2015年定为"文化志愿服务制度建设年"，广泛倡导和开展文化志愿服务工作。

随后，政府加快了志愿服务顶层制度的建设，2015年1月，在中共中央办公厅、国务院办公厅印发《关于加快构建现代公共文化服务体系的意见》的文件中，用专门章节强调"大力弘扬志愿服务精神，坚持志愿服务与政府服务、市场服务相衔接，奉献社会与自我发展相统一，社会倡导和自愿参与相结合，构建参与广泛、内容丰富、形式多样、机制健全的文化志愿服务体系。创新服务内容、工作方式和活动载体，探索具有地方或行业特色的文化志愿服务模式"[2]。2016年7月，中央多部委联合发布《关于支持和发展志愿服务组织的意见》，文化部专门制定《文化志愿服务管理办法》，文化志愿服务顶层制度日臻完善。

2. 特色文化志愿服务内涵

学者龚万达在《志愿服务20年：中国志愿服务研究综述》中阐述"志愿服务引入中国已近二十年，成为构建和谐社会的重要领域""马克思主义是中国社会主义事业的指导思想，同样也是中国志愿服务发展的指导思想。要使我国的志愿服务有比西方国家更广阔的群众基础，能与社会主义制度和主流价值观保持一致，就必须建立中国志愿服务的马克思主义思想理论基础，建立具有中国特色的志愿服务体系"[3]。

谭建光在《中国特色的志愿服务理论体系分析》中认为中国特色的志愿服务理论体系的源泉非常广泛，其中最重要的是"中华美德、雷锋精神、外国公益、改革创新"等四大源泉，同时，还在社会建设与社会治理的背景下融合并创造了一定的新特色与要素。中国特色志愿服务理论的核心概念是"为人民服务""友爱奉献""助人自助""公平正义"等理念的融合。中国特色志愿服务理论体系的框架逐渐凝聚形成富有特色、充满活力的六大理论要素：志愿服务理念、志愿服务制度、志愿服务组织、志愿服务行动、志愿服务资源、志愿服务文化。

陆士桢、胡礼鹏在《中国特色志愿服务理论建构中的"中国梦"目标定向》一文中，认为"中国梦的提出为中国特色志愿服务发展确定了方向，也为其提供了基本的功能指向，中国特色志愿服务通过制度化建设、发挥社会个体的积极作用等方式实现其经济建设、资本增值和社会结构建设的功能；它以社会主义为根本道路，进一步凝聚人民大众这一社会基础，全面提升国家软实力，是振兴民族大业的社会基础；同时，它以社会和谐为目标，践行公平正义理念，追求人的高层次满足，实现百姓幸福的极大化，是人民幸福的重要社会元素"。在CNKI上以"特色"为关键词进行检索，"特色"一词最早出现在1915年的《清华大学学报》中，《现代汉语大词典》中对"特色"的解释是：事物所表现的独特的色彩、风格等[4]。具体说就是一个事物或一种事物显著区别于其他事物的风格和形式，是由事物赖以产生和发展的特定的具体的环境因素所决定的，是其所属事物独有的。

学者曾宪文认为，特色就是优质事物的规定性，是人们认识优质事物的内在根据，它表达的是事物的自我完善和发展的倾向,代表着事物发展和进化的基本方向[5]。

文化志愿服务是中国志愿服务中重要组成部分,彰显了中华优秀文化的深刻内涵。2014年,文化部发布了名为"绽放之时"的中国文化志愿者标识,这相标识由5个变形的"文"字相互连接构成,融合了汉字、心形和中国结等元素,寓意文化志愿者心手相连,系列活动打造出了文化行业的一些特色文化志愿服务品牌:"春雨工程"(全国文化志愿者边疆行活动)、"大地情深"(国家艺术院志愿服务走基层活动)、"阳光工程"(中西部农村文化志愿服务行动计划)等[6]。

综上所述,特色文化志愿服务是中国特色志愿服务理论框架下的志愿服务,是社会主义核心价值观的重要体现,是对文化志愿服务从大众化一般服务向专业、精准、科学发展的要求,具有适合于地方文化及经济发展水平、行业性、专业性的先进文化志愿服务。

3. 公共图书馆志愿服务及特色文化志愿服务研究发展

就公共图书馆志愿服务而言,国外公共图书馆志愿服务发展较早,其运行机制比较成熟完备。从图书馆志愿服务开展现状来看,在国外,以美国为例,除了鼓励成年人参与图书馆志愿服务以外,还倡导青少年和离退休老人参与志愿服务活动,涵盖面较广。2002年,英国一项关于公共图书馆志愿者的调查显示,85%的公共图书馆提供志愿者服务。日本在1987年曾就公共图书馆是否开展志愿者活动进行了一次全国性的调查,结果显示,已开展该项活动的市立图书馆占70%,町图书馆占39.7%,都道府县占39.7%[7]。

从公共图书馆志愿服务的相关理论研究来看,国外学者对图书馆志愿服务的相关理论研究有以下两个特点:一是对于公共图书馆志愿服务的研究多以实例为主,如2008年尼科尔等人所著的 Volunteers in Libraries: Program Structure, Evaluation, and The oretical Analysis《图书馆的志愿者:程序结构、评估和理论分析》和2013年Leslie等人所著《同图书馆志愿者一起走向成功》,这些著作无一例外以志愿者管理为中心,辅以较多实例和细节[8]。二是研究的侧重点在于志愿者本身。国外公共图书馆的志愿服务由于发展较早,很多中、大型的公共图书馆或者社区图书馆都有一套自己的志愿服务模式,如1988年谢丽尔(Cheryl A. McHenry)在《图书馆志愿者:招聘、激励并留住他们》一文中探讨图书馆应如何招募、激励并留住志愿者。她认为虽然有些文章讨论志愿者的招募与培训,但很少有人涉及志愿者的参与动机。她指出志愿者加入志愿服务的动机有成就感动机、社会责任动机、自我价值的实现动机等[9]。2011年玛德·胡瑞在《图书馆志愿服务的结果:学生志愿者的期望是什么》一文中通过与图书馆志愿者进行访谈与调查来研究如何更好的与志愿者创造有效价值,建立学生与图书馆之间长期的互利关系[10]。2013年李察德沃特斯、丹妮丝史维克博特里的《提高公共图书馆系统的志愿者的保留力度：以不同方式影响女性和男性志愿者的沟通与包容》，将志愿者细分进行研究分析。由此可见通过对志愿者的心理研究来探索出有效的志愿者管理模式已成为一种较普遍的研究模板。

我国在志愿服务方面是实践优于理论，近年来，随着志愿者工作的开展，对志愿者工作的理论研究逐渐丰富。从国内公共图书馆志愿服务的相关理论研究来看，利用CNKI数据库，以关键字"公共图书馆"和"志愿服务"搜索博士、硕士论文得出以下数据，可见论文呈现逐年增多的趋势：

表1　CNKI博士、硕士论文数量表

年份	2008	2009	2010	2011	2012	2013	2014
篇数	11	14	20	32	33	40	49

现国内在公共图书馆志愿服务研究方面，大多以图书馆自身为主体，研究主要侧重于对志愿者管理和对志愿服务工作的开展。无论是公共图书馆还是高校图书馆，如何构建科学高效的图书馆志愿者管理长效机制尚处于摸索阶段，图书馆志愿服务事业的可持续发展有待探讨和研究[11]。公共图书馆志愿者管理模式的研究，主要针对如何有效管理志愿者团队进行研究，涉及管理模式、培训制度、激励制度等方面。

对于公共图书馆特色文化志愿服务研究，在CNKI数据库，以关键词"公共图书馆"和"特色文化志愿服务"搜索期刊数据，无相关文献（截至2016年5月）。但对公共图书馆特色文化志愿服务相关文献的研究，从侧面反映了公共图书馆特色文化志愿服务的发展。谢海华在《省级公共图书馆文化志愿服务调查分析》中（截至2014年6月）认为图书馆开始招募文化志愿者为其日常管理以及讲座、展览、阅读推广、文化助残等活动提供服务，在这一方面取得了一定的成效，但存在以下问题：文化志愿服务未从图书馆志愿服务中细分出来并形成专业化趋势；没有建立专门的文化志愿者网站；文化志愿者参与公共图书馆文化服务内容较狭窄、方式较单一；文化志愿服务趋于同质化，较少形成自身的特色文化品牌[12]。2016年3月5日上线的首都图书馆文化志愿者网站，是国内公共图书馆中领先开展建设的文化志愿者网站。

汤更生女士在《自觉走向自信：关于图书馆文化志愿服务需求与管理的思考》中，论述2006~2011年中国图书馆学会开展的大型志愿者行动——基层图书馆馆长培训，是图书馆人帮助图书馆人的大型行业援助行动[13]。谯进华先生在《深圳阅读推广人的实践及发展》中，论述当前我国阅读推广人的成长壮大及其实践是当前城市阅读的重要现象，是全民阅读走向专业化的标志之一。以深圳阅读推广人的群体组成及活动作为考察对象，分析其在全民阅读中的作用、特点及其与政府的关系，归纳深圳阅读推广人独特的发展路径，并对其未来发展策略进行了讨论[14]。杨飞女士在《构建专业化的阅读推广人队伍——上海市图书馆学会阅读推广人培育工作实践》中通过对上海市图书馆学会阅读推广人培育工作的实践分析，对上海阅读推广人培训与管理机制进行探讨，为正在蓬勃发展的阅读推广人培育工作提供实践参考[15]。

4. 公共图书馆特色文化志愿服务

公共图书馆是社会公共文化体系的重要组成部分，公共图书馆特色文化志愿服务是公共图书馆组织文化志愿者满足公众日益增长的对知识、信息及相关文化活动需求的志愿服务活动。

以下是2012年到2017年受到文化部表彰的公共图书馆文化志愿服务项目：

表2　2012年基层文化志愿服务活动优秀项目

项目名称	执行单位
"对面朗读"——辽宁省图书馆公益文化活动	辽宁省图书馆
长春图书馆"义务小馆员"志愿服务活动	吉林省长春图书馆
"荣担文化使者，播撒都市文明"——上海图书馆系统文化志愿者服务项目	上海图书馆
"喜阅365"——亲子共读计划	广东省深圳少年儿童图书馆
桂林"英语角"——崛起中的民间阅读推广力量	广西壮族自治区桂林图书馆
重庆市少年儿童图书馆"小小义工真能干"活动	重庆市少年儿童图书馆
成都小馆员志愿者服务活动项目	四川省成都图书馆
"微笑小屋"文化志愿服务品牌活动	贵州省遵义市文体广电局
基层业务骨干培训志愿者行动	陕西省图书馆学会
"志愿者行动"——基层图书馆员培训活动	甘肃省图书馆学会

表3　2013年"文化志愿者基层服务年"优秀典型

项目名称	实施单位
"爱心天使传递书香"和平区图书馆志愿服务活动	天津市和平区图书馆
传递书香见证成长——山西省图书馆文化志愿服务活动	山西省图书馆
"太原市图书馆高校志愿者联盟"服务活动	山西省太原市图书馆
"传递书香"——敦化市流动图书志愿服务活动	吉林省延边朝鲜族自治州敦化市图书馆

表 4 2014 年"文化志愿服务推进年"示范项目

项目名称	执行单位
"市民法制宣传教育基地"法律专家志愿者服务项目	首都图书馆
"传递书香见证成长"公共图书馆志愿服务活动	河北省唐山市丰南图书馆
图书馆文化志愿者服务行动	山西省太原市图书馆
"手语世界"文化志愿服务活动	辽宁省图书馆
星期六剧场	辽宁省沈阳市图书
"文化暖心点亮生活"视障读者文化志愿服务	黑龙江哈尔滨市图书馆
"绿叶助学"志愿行动	上海市闵行区图书馆
"传递文明·共享阅读"文明阅读志愿活动	江苏省江阴市图书馆
"传递爱心撒播书香"关注弱势群体的爱心读书队	江苏省连云港市少儿图书馆

表 5 2015 年"春雨工程"及基层文化志愿服务活动典型案例

项目名称	执行单位
赴新疆举办数字资源共享活动	河南省少年儿童图书馆
赴四川藏区开展汉藏文化交流	四川省图书馆
新疆农民画展走进国家图书馆	国家图书馆
"楚天智海杯"漫画优秀作品巡展新疆行	湖北省图书馆
网络书香边疆行	国家图书馆
天津图书馆文化志愿者戒毒帮教活动	天津图书馆
丰南图书馆志愿者公益讲座活动	河北省唐山市丰南区图书馆
快乐童年公益书香苑	辽宁省锦州市少儿图书馆
辽宁省图书馆"乐龄俱乐部"文化志愿服务	辽宁省图书馆
大庆市图书馆文化志愿服务活动	黑龙江省大庆市图书馆
"阅读使者全城行"青少年阅读推广系列文化志愿服务	江苏省无锡市图书馆
"希望来吧"大手牵小手	江苏省淮安市图书馆
"传递书香见证成长"鸢都书香文化志愿者公益活动	山东省潍坊市图书馆
河南省图书馆书香中原志愿服务活动	河南省图书馆
"我是你的眼，带你领略爱的光影"无障碍电影播放	河南省新乡市图书馆"书香牧野"文化志愿者服务队
"传递书香见证文明"湖北省图书馆少儿志愿者服务活动	湖北省图书馆

续表

项目名称	执行单位
"周末快乐读书"活动	湖南省衡阳市文化志愿服务图书分队
公益心理讲座	湖南省邵阳市文化志愿服务图书分队
小雏鹰文化志愿服务活动	广东省立中山图书馆
"我们的传统节日"系列活动	广西壮族自治区桂林图书馆
"共建书香保亭"保亭县图书馆文化志愿服务活动	海南省保亭县图书馆
共建书香梁平	重庆市梁平县图书馆
"暑期小义工"志愿者服务项目	四川省泸州市少年儿童图书馆
达麦村牧民学校文化培训	西藏自治区图书馆
"书香满屋"图书流动志愿服务活动	新疆维吾尔自治区克拉玛依市克拉玛依区月潭社区
中华古籍普查志愿服务行动	国家图书馆

表6　2016年基层文化志愿服务活动典型案例

项目名称	执行单位
"网络书香"数字图书馆阅读推广活动西藏行	国家图书馆
"海津讲坛"公益文化讲座下基层	天津图书馆
"欢乐西青行"文化志愿者送文艺下乡活动	天津图书馆
河北"沧图讲座"公益讲座	河北省沧州市图书馆
河北唐山丰南图书馆儿童阅读推广活动	河北省唐山市丰南区图书馆
"青春漂流文化惠民"文化志愿者走基层服务	山西省图书馆
"文化行三晋讲座走基层"文化志愿者讲师团走基层服务	山西省图书馆
"童阅乌托邦"少儿公益活动文化志愿服务	辽宁省图书馆
大型公益讲座《辽西·读书讲坛》	辽宁省锦州市图书馆
"讲好故事读好图书做好孩子"活动	辽宁省丹东市少年儿童图书馆
服务基层文化惠民——哈尔滨市图书馆总分馆文化志愿服务	黑龙江省哈尔滨市图书馆
琅琅快乐书坊少儿读者服务	黑龙江省齐齐哈尔市图书馆
"523"故事会	上海市奉贤区图书馆
"朗读者"文化助盲志愿活动	江苏省金陵图书馆
"悦读彩虹"志愿者走基层活动	江苏省苏州市吴江区图书馆
"触摸天堂"阅读文化助盲志愿项目	浙江图书馆
三明公共图书馆"家·阅读"服务联盟文化志愿服务	福建省三明公共图书馆(家·阅读)服务联盟

续表

项目名称	执行单位
"故事妈妈"文化志愿者俱乐部	福建省厦门市少年儿童图书馆
"爱心故事妈妈"文化志愿服务	湖北省武汉市少年儿童图书馆
"书润湖湘见证成长"关爱特殊群体文化志愿服务	湖南省衡阳市图书馆
益阳市图书队文化志愿服务系列活动	湖南省益阳市图书馆图书分队
"听·爱"系列视障文化志愿服务	广东省立中山图书馆
读者协会"以志愿行动传递书香"	广西壮族自治区桂林图书馆
海南省图书馆妈妈志愿服务	海南省图书馆
"老年人计算机"免费培训项目	贵州省贵阳市乌当区图书馆
云南省古籍普查登记	云南省图书馆
基层"全民阅读"推广工作	云南省普洱市图书馆

表7 2017年文化志愿服务典型名单

项目名称	执行单位
"互阅书香"图书交换志愿服务项目	首都图书馆
陕西省图书馆文化志愿者新疆行	陕西省图书馆
"心阅书香"文化志愿服务项目	首都图书馆
天津图书馆经典诵读志愿者服务	天津市图书馆
"我是你的眼,带你看世界"文化助盲志愿服务活动	河北省秦皇岛市图书馆
阳泉市图书馆寒暑假公益文化志愿者服务项目	山西省阳泉市图书馆
"关爱弱势群体,真情服务社会"文化志愿活动	辽宁省葫芦岛市建昌县图书馆
图书馆公益联盟	江苏省盐城市图书馆
"让我,做你的眼睛"助盲阅读志愿服务	福建省厦门市图书馆
"与悦读同行伴书香成长"文化志愿者助推书香赣鄱项目	江西省图书馆
"传递书香见证成长"文化志愿服务活动	湖南省常德市石门县图书馆
"书润湖湘见证成长"公共图书馆志愿服务活动	湖南省长沙市长沙县图书馆
"一个故事一国文化——各国领事讲故事"系列活动	广东省广州少年儿童图书馆
重图快乐阅读体验课	重庆市图书馆
儿童阅读推广文化志愿服务项目	贵州省图书馆
保山市读书会	云南省保山市图书馆
安康人周末读书会	陕西省安康市图书馆

续表

项目名称	执行单位
"传递书香见证成长"全民阅读推广志愿服务	青海省海西州图书馆
"小小管理员"志愿服务队	新疆维吾尔自治区阜康市图书馆

表8　2015~2017年学雷锋志愿服务"四个100"先进典型活动图书馆行业获奖名录

年份	名称	奖项
2015	任士荣中国盲文图书馆助盲志愿者	最佳志愿者
2015	首都图书馆法律专家志愿者咨询志愿服务项目	最佳志愿服务项目
2016	云南省图书馆少数民族古籍抢救修复文化志愿服务项目 国家图书馆"网络书香"阅读推广志愿服务活动 辽宁省图书馆"对面朗读"文化助残志愿服务项目	最佳志愿服务项目
2017	宁家宇辽宁省图书馆文化志愿者团队志愿者	最佳志愿者
2017	首都图书馆文化志愿服务中心 重庆图书馆志愿者协会 贵州省图书馆布客儿童阅读推广志愿服务队	最佳志愿服务组织
2017	中华古籍普查文化志愿服务行动项目 中国盲文图书馆文化助盲志愿服务项目	最佳志愿服务项目

5. 公共图书馆特色文化志愿服务的表征

通过对以上理论及实证的综合研究分析，公共图书馆特色文化志愿服务的特色表现在图书馆行业性、服务对象、服务内容、服务的专业性、志愿服务组织与管理、服务地域性等方面。

5.1 图书馆行业性及专业性

全民阅读是公共图书馆的重要职责，深圳市"阅读推广人"是深圳的一支阅读推广的特色队伍，"阅读推广人"培育计划是深圳在全国首次开创的由政府牵头组织的阅读推广专业化培训。深圳读书月组委会、市文体旅游局专门出台了《深圳市阅读推广人管理办法》，在文件中对组织管理机构、资质认证、业务考核、资助办法等方面做了相应规定，还成立专门的"深圳市阅读推广人协会"。深圳将用5年左右的时间培养500~800个"阅读推广人"，对"阅读推广人"进行系统培训和科学管理，并对他们的阅读推广工作提供必要的资助，帮助他们开展各类基层读书活动，推动学校、家庭、社区、企业阅读，深圳市阅读推广人体现了图书馆阅读推广主流服务的行业特征,是国内先进的特色文化志愿服务[16]。

5.2 文化志愿服务对象

图书馆特色文化志愿服务是为特定群体打造并提供更为精准的公共文化服务。辽宁省图书馆的"对面朗读"公益文化活动,服务于视障人士,由最初的到图书馆参加活动,发展到工作人员和志愿者定期走入盲校开展活动。志愿者等通过导读经典、评析新书、诵读美文、交流心得,给视障儿童送去快乐,也为他们养成良好的阅读习惯奠定基础;贵州省图书馆的"新布客书屋"阅读推广项目,针对贵州省地处经济欠发达地区、贫困问题突出、留守儿童、流动儿童数量众多的现状,针对特殊儿童群体开展"布客书屋儿童阅读推广服务项目",此项目以贵州省图书馆为主体,整合社会资源,开展阅读推广工作,倡导文化志愿服务,共建书香社会,主要为流动人口学校、乡村学校以及特殊群体建设少年儿童公益图书室,组建了一支专门从事儿童阅读推广的"布客儿童阅读志愿服务团队"。

5.3 文化志愿服务内容

特色文化志愿服务体现在服务文化内容方面,如广西壮族自治区桂林图书馆开展的桂林"英语角"——崛起中的民间阅读推广力量,是以英语服务为特色的文化志愿服务。21年前,刘毓鲲老师退休,他发挥余热,创办了英语角。现82岁的老人仍在桂林图书馆榕湖分部旁边主持桂林英语角活动,有了一个让桂林的英语爱好者与外国友人大胆说英语的交流平台。21年来,共有13万人次的国内英语爱好者和来自45个国家2万人次的外国友人,参加了英语角交流活动。许多英语爱好者通过这个平台学习了英语,也有不少外国友人把英语角当成自己的家[17]。

5.4 文化志愿服务管理

特色文化志愿服务表现在文化志愿服务管理上,通过运用现代新技术、创新管理方式对文化志愿服务进行管理。上海图书馆的"荣担文化使者,播撒都市文明"——上海图书馆系统文化志愿者服务项目,上海图书馆作为上海市志愿者协会理事,在上海市志愿者网上招募、管理志愿者,以及发布各项志愿服务活动,创建了志愿者OA管理系统,记录志愿者的基本信息、工作岗位、出勤情况、服务效果等,对文化志愿服务的日常运作和管理进行信息化、科学化管理。

5.5 文化志愿服务地域性特色

云南省图书馆的抢救修复云南民族古籍文化志愿服务行动,针对本地少数民族古籍文献资源丰富但缺乏专业保护、亟待抢救修复的实际情况，充分发挥人才资源优势，积极组织历史文献部业务人员成立专门的志愿服务机构，在全省范围实施了"抢救修复云南民族古籍文化志愿服务行动"项目，通过深入基层实地调研、免费为基层修复少数民族古籍文献、无偿举办全省少数民族古籍修复培训班等方式，抢救修复了一大批珍贵的云南少数民族古籍文献。

综上所述，在国家政策强有力的推动下，公共图书馆的文化志愿服务开始从大众化一般服务向专业、精准、科学发展，一批有鲜明的图书馆行业特色的定位准确、服务专业、内容丰富、形式多样、管理科学的特色文化志愿服务涌现，公共图书馆应将特色文化志愿服务从行业品牌塑造为真正的社会品牌。在全民阅读的时代背景下，"阅读推广已成为公共图书馆的主流业务"，公共图书馆应将文化志愿服务与服务全民阅读的职能相结合，构建特色文化志愿服务，形成全民阅读、全民奉献的良好社会风尚。

参考文献：

[1] 文化部，中央文明办关于广泛开展基层文化志愿服务活动的意见（2012年）[EB/OL].（2012-09-21）[2016-08-15]. http://www.wenming.cn/ziliao/wenjian/jigou/qita/201209/t20120921_862957.shtml.

[2] 中共中央办公厅，国务院办公厅.中共中央办公厅，国务院办公厅印发《关于加快构建现代公共文化服务体系的意见》（全文）[EB/OL].（2015-01-14）[2017-07-27]. http://www.gov.cn/xinwen/2015-01/14/content_2804250.htm.

[3] 龚万达.志愿服务20年——中国志愿服务研究综述[J].思想理论教育，2010（11）.

[4] 张兵，周学荣，沈克印.中国特色职业体育的内涵界定及其阶段特征构想[J].天津体育学院学报，2010（6）.

[5] 文化部办公厅关于推行使用"中国文化志愿者"标识和"文化志愿者注册服务证"有关事宜的通知[2017-08-15]. http://www.mct.gov.cn/whzx/ggtz/201404/t20140430_695379.htm.

[6] 曾宪文.高校特色专业之"特色"辨析[J].山东交通学院学报，2011（4）.

[7] 陈永娴.图书馆志愿者管理相关问题探讨[J].图书情报工作，2005（12）.

[8] 白兴勇.美国图书馆志愿者研究述略[J].图书馆，2015（5）.

[9] Cheryl A. McHenry. Library Volunteers: Recruiting, Motivating, Keeping Them [J]. School Library Journal, 1988, 34（9）: 44-47.

[10] Madhuri Tikam. Library volunteerism outcomes: what student volunteers expect [J].

Library Management，2011，32（8/9）:552-564.

[11]刘伟.北京公共图书馆志愿者管理长效机制构建与对策研究[D].西南大学，2010.

[12]谢海华.省级公共图书馆文化志愿服务调查分析[J].新世纪图书馆，2015（02）.

[13]汤更生.自觉走向自信关于图书馆文化志愿服务需求与管理的思考[C].全国公共图书馆文化志愿服务规范化建设培训，沈阳，2016.8.

[14]譙进华.深圳阅读推广人的实践及发展[J].特区实践与理论，2013（2）.

[15]杨飞.构建专业化的阅读推广人队伍——上海市图书馆学会阅读推广人培育工作实践[J].新世纪图书馆，2015（7）.

[16]国内首个"阅读推广人协会"落户深圳（2017-03-18）[2018-03-15］.http：//www.cankaoxiaoxi.com/china/20170328/1820062.shtml.

[17]桂林一位退休教师21年风雨无阻坚持办英语角（2012-09-19）［2018-03-15］.http：//www.zjol.com.cn/05zjol/system/2012/09/19/018821572.shtml.

贵州省公共图书馆特色文化志愿服务调查分析

吴优优 （贵州省图书馆，贵州 贵阳 550004）

摘　要： 通过对贵州省85家县级以上公共图书馆进行有关特色文化志愿服务开展情况的调查，有17家公共图书馆开展了特色文化志愿服务活动。论文主要以这17家公共图书馆为研究对象，分析贵州省县级以上公共图书馆特色文化志愿服务的开展现状、开展内容、开展方式以及存在的问题和建议等。

关键词： 贵州省公共图书馆；特色文化志愿服务；调研

　　文化志愿服务是志愿服务的重要组成部分，也是公共图书馆服务的一种延伸，属于"动态"的公共图书馆服务。特色文化志愿服务经长期持续开展，形成了服务品牌的文化志愿服务。文化志愿者热心文化事业，具有一定的文化艺术才能和相应的民事行为能力，不以物质报酬为目的，自愿为社会和他人提供公益性文化艺术服务和帮助，文化志愿者的专业性更强[1]。从1996年福建省图书馆最先引入志愿者[2]到2013年"文化志愿者基层服务年"、2014年"文化志愿服务活动推进年"，再到2015年九个主题基层文化志愿服务活动、2016年针对中西部农村的"阳光工程"示范性文化志愿服务活动。经过近二十年的发展，志愿服务已经取得了一定的进展，但就整体来说服务水平还不高，创新项目少，长期持续开展的服务不多，同时，管理也不够规范，没有一套完整的制度体系。特色文化志愿服务是普通文化志愿服务的长期化、规范化、品牌化运行，所以研究特色文化志愿服务可以为文化志愿服务的标准化、规范化发展提供借鉴，推动文化志愿服务事业规范有序、持续健康发展。

　　经济水平的不同导致特色文化志愿服务开展内容和方式的不同，此次课题研究的是经济欠发达地区公共图书馆的特色文化志愿服务，所以本文以贵州省85家县级以上公共图书馆为调查对象，调查其特色文化志愿服务的开展现状，总结现有经验及存在的问题，为经济欠发达地区的特色文化志愿服务开展抛砖引玉。

1. 调查方法

本文主要采用的调查方法是问卷调查法和实地考察法。前期由长期从事志愿服务组织的贵州省图书馆少儿部馆员设计调查问卷，并通过网上问卷发布平台"问卷星"发布调查问卷，然后把调查问卷链接发送给了贵州省县级以上各公共图书馆，共85家公共图书馆填写了调查问卷。根据反馈回来的调查问卷了解到开展了特色文化志愿服务活动的公共图书馆共计17家，按地域分布从17家公共图书馆中选出了3家进行实地考察，并搜集了17家公共图书馆开展特色文化志愿服务的文字和图片资料，对开展的服务进行分析，了解其中的优点和不足。

2. 贵州省公共图书馆特色文化志愿服务的总体开展情况

通过问卷调查了解到85家参与调查的公共图书馆中区、县级公共图书馆有75家，地市级9家，省级1家。其中开展了文化志愿服务的公共图书馆有53家，省级1家，地市级6家，区县级46家，共占调查总数的62.35%，有32家公共图书馆没有开展文化志愿服务。从数据可以看出，地市级公共图书馆开展文化志愿服务的比例较大，基层的区县一级公共图书馆开展文化志愿服务的比例比地市级稍小，但是也达到了60%的开展比例。从志愿服务最早引入到现在不过二十年的时间，在经济欠发达地区能够达到这样大的开展范围，说明志愿服务的理念得到了一定的宣传和发展。

但是，只有开展范围的广泛是不够的，文化志愿服务还需要往长期化、规范化、品牌化运行的方向发展。而特色文化志愿服务正好能够在这些方面提供借鉴和参考。通过问卷调查了解到在53家开展了文化志愿服务的公共图书馆中，开展特色文化志愿服务的只有17家，仅占其中的32.08%，在参与调查的85家公共图书馆中占20%。从数据可以看出，特色文化志愿服务开展的范围很小，有待进一步发展。另外，从调查中还了解到17家公共图书馆开展的特色文化志愿服务活动都有自己的固定名称或者活动主题，而且活动的开展周期也是固定的，同时超过半数的活动都有自己的活动标识（名称、徽章、Logo等）。除了公共图书馆以外也有事业单位和社会团体参与到特色文化志愿服务的组织当中来，这一点对于特色文化志愿服务活动的开展犹如注入了新鲜的血液，不同思想和领域的碰撞能够溅出不一样的火花，推动特色文化志愿服务的创新发展。

3. 贵州省公共图书馆特色文化志愿服务开展内容和主题的分析

通过对 17 家公共图书馆开展的特色文化志愿服务活动的内容和主题分析了解到，开展基础型服务活动的较少，大都是以开展讲座、读者活动和阅读推广为主。具体的活动主题见表 1：

表 1　贵州公共图书馆特色文化主题一览表

公共图书馆名称	特色文化志愿服务主题
贵州省图书馆	新布客书屋
黔南州图书馆	文峰讲坛、文化助残
正安县图书馆	我爱阅读
乌当区图书馆	阅读推广活动
白云区图书馆	墨迹书香伴您行
平坝区图书馆	支援三区文化建设
三穗县图书馆	亲子读书活动、三穗作品阅读与交流
福泉市图书馆	读者服务、公益培训、讲座等
息烽县图书馆	息烽摄影协会图书服务志愿团
独山县图书馆	小小图书管理员
晴隆县图书馆	公益培训讲座
惠水县图书馆	地方特色文献推介
铜仁市碧江区图书馆	图书馆小小管理员
习水县图书馆	精准扶贫小分队、创卫环保小分队、校园服务志愿者
麻江县图书馆	音乐
清镇市图书馆	摄影、书法

通过问卷调查了解到在开展文化志愿服务的公共图书馆中，基本上都开展了基础型服务，但是在开展了特色文化志愿服务的公共图书馆中开展基础型服务的较少，以基础型服务为主要推出品牌的只有 4 家，而且主要针对的是小志愿者。基础型服务主要是图书的流通、整理、上架等，较其他类型的志愿活动而言，所需的专业知识不高，小志愿者稍加培训就能胜任。通过这种体验式的志愿服务活动一方面可以培养儿童的阅读爱好，另一方面也有助于提高图书馆的服务质量，因为志愿者本身也是图书馆的读者，能够向图书馆提出善意的、具有建设性的批评和建议，同时小志愿者的热情服务能够加大对图书馆的宣传力

度[3]。公共图书馆不仅担负着保存文献资料的功能,还肩负着提供休闲娱乐、开展社会教育、传递文献信息等使命,所以仅提供图书借还服务已经不能满足社会的需求,这也就延伸出了讲座、公益培训、展览等多种多样的读者活动。从上表可以看出各级公共图书馆开展的读者活动种类丰富,覆盖面也较广,有针对成人的也有针对儿童的,同时还考虑到了特殊群体的需求。从开展内容和形式上来说,一种类型是系列公益讲坛和培训,每期活动围绕不同的主题开展公益讲坛或者培训,然后面向社会招募这方面的志愿者参与,例如乌当区图书馆开展的老年人使用计算机和智能手机的培训活动,该项活动在老年读者群中大受欢迎;另一种类型的读者活动是围绕摄影、音乐等艺术形式或者某个主题开展的、主题固定的读者活动,有某方面艺术特长的志愿者组成志愿者团队为读者开展活动,例如白云区图书馆的"墨迹书香伴您行",以此为主题分别举办了棋类比赛、诗歌朗诵比赛、知识竞赛等活动。

另一种类型的特色文化志愿服务类型是阅读推广活动。公共图书馆因为其公益性、专业性及丰富的阅读资源、良好的阅读环境,成为阅读推广的主阵地之一,是联系群体阅读和个体阅读的桥梁,在倡导和推进全民阅读中发挥倡导者、组织者和实施者的角色和作用[4]。阅读推广活动专业性较强,需要不同领域的志愿者合作完成,公共图书馆在其中更多的是充当组织者和纽带的作用,为致力于阅读推广的志愿者提供服务的平台。此次调查中针对成年读者的阅读推广有惠水县图书馆开展的地方特色文献推荐活动,惠水县地处少数民族地区,结合了当地特色开展这一项活动。阅读推广的主要对象是少年儿童,所以下面会详细介绍此次调查中比较突出的两个面向少年儿童的阅读推广活动。

其一是以贵州省图书馆为主体组织,整合社会资源,在贵州省内各偏远地区援建书屋的形式开展的,援建的书屋统一命名为"新布客书屋"。贵州省图书馆还会派专业的老师到援建书屋培训管理员,通常书屋的管理员就是少年儿童,借此向少年儿童传递"助人自助"的理念。除此以外,在援建地还会开展关于阅读推广的志愿者培训活动,为对阅读推广感兴趣的当地图书馆馆员、学校老师、学校图书馆馆员等提供专业的知识和指导,参与培训的老师是来自贵州省图书馆的特色文化志愿者和贵州省图书馆从事阅读推广工作多年的工作人员,他们具备阅读推广所需的专业知识技能和丰富的经验。贵州省图书馆集各家之力现已建成"新布客书屋"25个,惠及10000余人,以书屋为载体的阅读推广活动让偏远地区的留守儿童能够在学校学习之余不仅有书可看而且有适合自己的书可看,同时还让更多的人参与到阅读推广活动中来,一举多得。

另一个比较突出的特色文化志愿服务是贵阳市乌当区图书馆的阅读推广活动,该活动包含了不同的活动类型,有"花儿姐姐故事会""科普世界""我是巧巧手"等,这些活动的开展时间和具体内容都可以在乌当区图书馆官网的少儿园地版块查询到,给读者提供了一个获取信息的渠道,有利于提高活动的宣传度和知名度。乌当区图书馆还与乌当区的师范院校建立了长期的合作关系,"花儿姐姐故事会"中的"姐姐"大都来自师范院校,由乌当区图书馆提供平台,他们利用自己的专业知识为少年儿童带去一场场精彩的故事会,以 2014 年为例,全年共开展了故事会 41 次,累计参与人数 2055 人,取得了较好的社会反响。

4. 贵州省公共图书馆特色文化志愿服务的不足和可借鉴之处

4.1 特色文化志愿服务开展范围不够广泛

通过调查了解到全省 85 家县级以上公共图书馆中开展了特色文化志愿服务的只有 17 家,仅占 20%,在 53 家开展了文化志愿服务的公共图书馆中也只占 32.08%。这说明在全省范围内还有 32 家公共图书馆没有开展文化志愿服务工作,而且在开展了文化志愿服务工作的公共图书馆中缺乏规范化、长期化、品牌化的服务运行理念。有部分图书馆还没有文化志愿服务的政策性文件,具体情况见图 1:

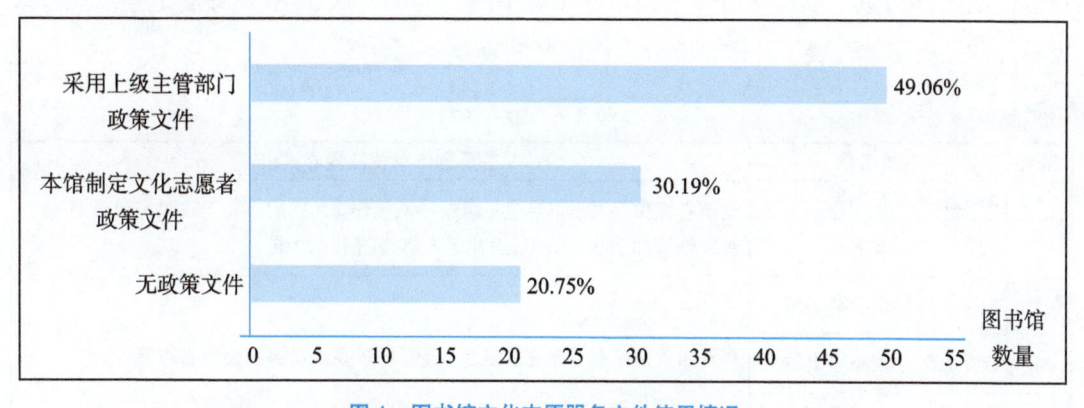

类别	比例
采用上级主管部门政策文件	49.06%
本馆制定文化志愿者政策文件	30.19%
无政策文件	20.75%

图 1　图书馆文化志愿服务文件使用情况

仅开展文化志愿服务是不够的,社会公众对志愿服务的要求越来越高,那种自发、分散的粗放型活动模式已难以满足志愿服务向纵深发展的需要,志愿服务品牌项目化运作趋势日益明显。特别是那些经过一段时间运作,积累了一定社会声誉和社会影响力的志愿服务品牌项目,能够更好地集聚社会资源,产生示范引领的"正能量",对于推动志愿服务事业长期、可持续发展具有重要意义[5]。造成特色文化志愿服务开展范围狭窄的原因,一方面是文化志愿服务组织自身的问题,志愿服务品牌意识不强,组织管理不够;另一方面特色文化志愿服务的社会环境也有待改善,社会对特色文化志愿服务认识较少,还没有形成文化志愿服务的品牌化意识[6]。

4.2 整合社会资源，集各家之力开展特色文化志愿服务

虽然贵州省公共图书馆特色文化志愿服务开展的范围还不够广泛，但是在已经开展了的特色文化志愿服务项目中还是有可借鉴之处。从调查中了解到很多特色文化志愿服务项目都不只是公共图书馆自身组织开展的，大都是以公共图书馆为主体，整合社会资源，组织开展特色文化志愿服务项目。具体数据见图2：

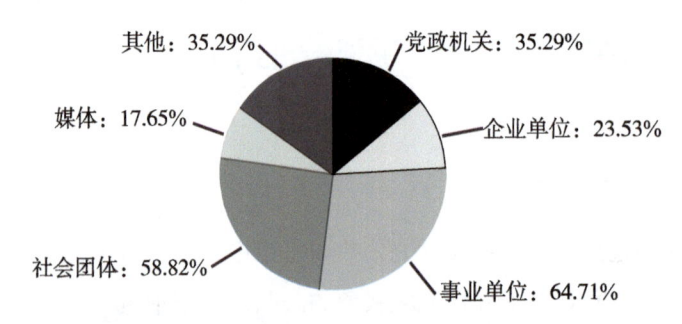

其他：35.29%　党政机关：35.29%
媒体：17.65%　企业单位：23.53%
社会团体：58.82%　事业单位：64.71%

图2　参与图书馆特色文化志愿服务的组织单位

可以看出除了有公共图书馆参与特色文化志愿服务组织，还有事业单位、社会团体、企业单位和媒体等，这些单位和团体有效整合了分散的志愿服务力量和社会资源，形成了持续性的团体力量。以贵州省图书馆"新布客书屋"为例，从2010年开展至今，共与多家单位和社会团体开展了合作，部分合作情况见表2：

表2　新布客书屋社会力量合作

序号	书屋名称	主要合作单位及爱心人士
1	曙光小学布客书屋	贵州省青少年发展基金会/唐煌导演工作室/贵阳市义工联盟捐赠新书131册，价值约2600元；彭学礼老人惠赠图书670册
2	黔春小学布客书屋	
3	龙岗春晖学校布客书屋	共青团贵阳市委/香港乐施会/云岩区教委及众多社会爱心志愿者
4	筑东大兴学校布客书屋	
5	华艺学校布客书屋	
6	高坡乡完小布客书屋	共青团贵阳市委/越野e族贵州大队/高坡乡政府
7	高坡乡甲定小学布客书屋	贵阳广播电视台红帆船栏目/西南风图书连锁有限公司/唐煌导演工作室/原咖啡吧/侯蓓及阮本然母女其中：侯蓓及阮本然母女捐赠金是在"亲子家庭诗歌比赛"中获得的一等奖奖金1000.00元
8	金狮恒凯学校布客书屋	贵阳广播电视台红帆船栏目/贵阳市图书馆/贵阳市云岩区教育局等
9	育才小学布客书屋	贵州交通职业技术学院/贵阳市云岩区教育局

续表

10	贵阳市爱心家园自闭症儿童训练中心布客书屋	贵阳市爱心家园自闭症儿童训练中心

从上表可以看出,"新布客书屋"是以贵州省图书馆为纽带,集合了政府、企业、社会志愿者团体、电视台以及个人等资源建设的。多方合作能够让特色文化志愿服务项目更具创新性,更切合社会的现实需求也能够采百家之所长,创建文化志愿服务品牌项目,为文化志愿服务发挥示范引领作用。

4.3 特色文化志愿服务项目的规范化组织管理

通过调查了解到比较有知名度的特色文化志愿活动项目大都是在规范化的组织管理下运行的。对文化志愿者制定了管理规范,对活动有完整详尽的策划,活动开展完后组织报道并收集活动信息存档。有些项目还制定了参与活动的合作方的条件,以保证活动的开展价值最大化。规范的管理能够让志愿服务活动持久有序地开展,形成志愿服务品牌的优势性服务能力。同时,超过50%的特色文化志愿服务项目有自己的标识,具体标识类别见图3：

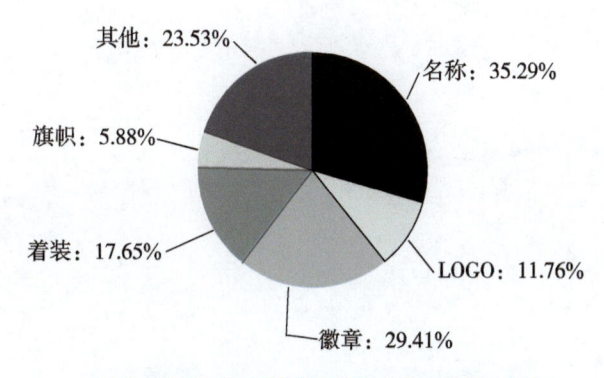

其他：23.53%
名称：35.29%
旗帜：5.88%
着装：17.65%
LOGO：11.76%
徽章：29.41%

图3 贵州省公共图书馆特色文化志愿服务标识

可以看出标识主要是名称和徽章,也有 LOGO、着装等。一个优秀的志愿服务品牌代表着组织的独特形象,具有知名度和美誉度,能起到展示志愿服务内涵、质量和价值的作用[7]。总体来说,文化志愿服务在贵州省县级以上公共图书馆中得到了一定的发展和推动,但是依然还有32家公共图书馆没有开展文化志愿服务,同时在已开展的文化志愿服务中有很多活动缺乏品牌化的运营理念,知名度不高,没有形成自己的特色。大力推进文化志愿服务在公共图书馆的开展,并且把已有的文化志愿服务活动项目打造成有社会知名度,得到大众广泛参与和认可的特色文化志愿服务项目还需要图书馆人一起努力！

参考文献：

[1] 文化部关于印发《文化志愿服务管理办法》的通知 [EB/OL]. [2016-07-15]. http://zwgk.mcprc.gov.cn/auto255/201608/t20160805_30495.html.

[2] 徐恩元，黄黄. 我国图书馆志愿者研究综述 [J]. 图书馆论坛，2011（6）.

[3] 杨清. 关于少儿图书馆开展志愿者活动的思考 [J]. 科技情报开发与经济，2015（25）.

[4] 洪文梅. 公共图书馆在全民阅读活动中的作用与对策探讨 [J]. 图书馆理论与实践，2009（7）.

[5] 王艳梅. 志愿服务品牌项目建设中的政府扶持研究 [D]. 上海师范大学，2013.

浅谈欠发达地区公共图书馆员职业素质对图书馆志愿服务的内推作用

邓弘扬 （贵州省图书馆，贵州 贵阳 550004）

摘　要： 社会经济的发展使得公共图书馆职能变得多样化，为寻求突破，图书馆通过引进志愿者、开展志愿服务活动来满足大众精神生活的需要和解决自身发展受限的问题，在图书馆开展志愿服务中，图书馆员起到了至关重要的作用。

关键词： 公共图书馆员；志愿服务；职业素质

1. 研究背景

在我国文化大发展大繁荣的推动下，公众对于图书馆的需求日益增加。图书馆除了开展图书借阅、资料查询的服务外，还肩负着进行文化教育、开展社会教育、传递科学情报和开发智力资源等任务。读者增多，需求增大，编制内的人力已经难以完成如此庞大的工作任务，20世纪90年代，在寻求解决方案的过程中，恰逢中国志愿服务事业蓬勃发展，于是便将"志愿服务"引入到公共图书馆中，通过招募志愿者、开展志愿服务，有效地缓解了公共图书馆"人手不足、资源利用效率低、资金缺乏"等问题，公共图书馆正式走进了"志愿服务时代"。

2. 研究目的及意义

公共图书馆志愿服务受地域经济发展水平影响，也呈现出发展不均衡的状态，经济发达地区，如上海、广州、深圳等地，图书馆志愿服务开展得较早，历经十多年的发展已经形成相对完整的系统模式；而欠发达地区的公共图书馆虽然起步时间同发达地区相差不大，但发展缓慢，直到近几年才开始有所作为，但总体发展仍然落后缓慢。笔者在收集整理相关资料时发现，关于志愿者服务的研究重点倾向在志愿者管理与培训、志愿服务模式研究等方面，这些研究对于欠发达地区来说指导意义有限，在欠发达地区志愿服务发展上需要注意的是对志愿服务管理者的研究，即研究公共图书馆员职业素质对于图书馆志愿服务的推动作用。

在图书馆员、志愿者、读者构成的志愿服务三角体系中，图书馆员是志愿服务的重要组成要素，同时也是志愿服务的起点。图书馆员的职业素质在多个方面对图书馆的志愿服务产生影响，图书馆员职业素质高低直接影响了志愿服务发展的水平。笔者通过剖析图书馆员在图书馆志愿服务中的作用和所扮演的角色，挖掘出图书馆员有助于推动志愿服务工作发展的那一部分职业素质，并结合客观实际对如何提高图书馆员的这些素质提出建议。通过本次研究为欠发达地区公共图书馆志愿服务的发展提供新思路，引导欠发达地区公共图书馆将发展重心转移到图书馆员。

图书馆员服务的对象是社会大众，图书馆员应该对文献资料了如指掌，利用现代图书管理技术为读者提供服务，欠发达地区公共图书馆员应重视自身建设，充分发挥图书馆员的基石作用，从内到外来推动图书馆志愿服务工作向前发展。

3. 欠发达地区公共图书馆员现状

公共图书馆员普遍年龄偏大，在工作上墨守成规，观念滞后，自学能力有限，专业知识不扎实，实际工作能力不强，缺乏求变求新勇气；其次，由于图书馆人员流动率较低，使得部分图书馆员长期从事同一岗位的工作，以及由于长期从事借书还书、整理归类等烦琐的工作，对工作产生倦怠心理，工作热情不高，尤其是一些窗口部门工作人员年纪偏大，不愿意或者不会同读者沟通交流，语言冷漠。再次，图书情报专业人员较少，他们在计算机和外语方面较薄弱，知识老化，缺乏现代图书馆基础管理知识和信息处理技术，缺乏人际协调能力，难以适应图书馆现代化要求[1]。另外，图书馆员继续教育内容设置不系统，培训内容简单，不能与时俱进，同时培训缺乏连续性，对图书馆员职业素质的提高用处不大。

4. 公共图书馆员在志愿服务中的作用

4.1 图书馆员是志愿服务的发起人

开展志愿服务是对图书馆业务的扩展，图书馆员根据拟定的工作任务和工作目标发起志愿服务，对于开展什么样的志愿服务、志愿服务的规模大小、志愿服务的主要内容、志愿服务的对象等有着直接决定权。简单地说就是由图书馆员制定志愿服务活动的方案，通过方案设立规则，结合实际情况和自身需求对志愿服务中涉及的各要素提出要求，发起志愿服务活动。

4.2 图书馆员是志愿队伍的管理者

图书馆员对于志愿者具有招募、培训、指导、管理的职能。首先在志愿者招募上，图书馆员要根据志愿服务内容，对志愿者的年龄、性别、知识技能、服务时间等方面设定要求，同时根据志愿服务意向对志愿者进行分组，组建统一的志愿服务团队[2]；其次在志愿者培训上，图书馆员要把业务知识培训和专业技能培训结合起来，依据志愿者的服务意向进行分类指导；同时，图书馆员要对志愿队伍进行日常的团队建设，通过系统的扩展活动，提高志愿队伍的凝聚力和战斗力，维持志愿队伍的活力。

4.3 图书馆员是志愿服务相关制度的制定者

开展志愿服务除了人员和资金的支持，更需要有相应的规章制度对其进行规范管理。让志愿服务水平提升、效率提高，不能单纯依靠人来管人，要通过设立如《图书馆志愿服务工作实施方案》《图书馆志愿者管理办法》《图书馆志愿者招募规程》《志愿者服务规范》等一系列规章制度，使图书馆志愿服务工作系统化、规范化。规章制度需要由对图书馆的业务和服务模式、图书馆实际情况、志愿服务、读者需求等方面都有足够了解和认识的图书馆员来制定，同时这也是图书馆员作为志愿服务发起人和管理者角色的内在要求。

4.4 图书馆员是志愿服务的推广者

在新媒体时代，不仅要会"做"，更要会"说"。志愿服务的推广阶段就是"说"的过程。志愿服务离不开宣传推广，前期宣传能招募志愿者和吸引读者参与，后期推广能提升志愿服务活动的社会影响力，促进志愿服务活动规模增大。图书馆员在不同的媒体平台，利用文字、图片、视频等形式向社会大众宣传志愿服务活动，吸引更多人了解和参与志愿服务，同时不断接收社会反馈，改进志愿服务，有意识的打造成特色服务，形成品牌。

5. 公共图书馆员在志愿服务中需要具备的职业素质

5.1 志愿服务精神

公共图书馆作为全公益性的基础设施，为社会大众提供阅读服务，这要求图书馆员首先要具备服务精神，而志愿服务精神代表了一种积极的工作态度，是职业道德的重要内容，对于图书馆志愿服务具有正向推动作用。正所谓"干一行爱一行"，就是要尊重自己的行业，热爱自己的职业，在工作中秉持志愿服务精神，在自己的工作岗位上勤勤恳恳，兢兢业业，孜孜以求，不断提高自己的理想和信念[3]。志愿服务精神能刺激图书馆员进行换位思考，多为读者着想，理解读者冷暖，才能做到贴心服务。

5.2 管理素质

志愿者队伍建设以及志愿服务开展受多方面因素的影响，如何发挥优势，规避风险，考验的是图书馆员的管理素质。在上述研究中提到，图书馆员是志愿服务的发起人，是志愿队伍的管理者，是志愿服务制度的设立者，这从多方面要求图书馆员必须具备管人、管事、管物的能力。首先，对制度法规的掌握是管理的基础，管理讲究有法可依，有规可循，管理素质的一部分是法律法规素质；其次，志愿者的管理是信息和行为的管理，对志愿者信息的管理是志愿者管理的基础，将志愿者信息进行分类统计，建立数据库，设立关键词，实时更新志愿者参加志愿服务的情况；志愿者行为的管理要求图书馆员根据志愿服务内容指导志愿者行动，通过建立统一的标识、口号、理念来规范志愿者的行为；同时，对志愿者的培训也是志愿者管理的一部分。再次，图书馆员的管理素质还体现在进行志愿服务过程中的安全管理和秩序管理。

5.3 现代化信息技术运用能力

从志愿者的招募管理到志愿服务的宣传推广都离不开现代化技术的应用。这主要包括计算机应用及维护能力、图书馆的自动化应用系统的操作能力以及相关网络知识的储备和数字资源的检索能力等。而在对志愿者的管理中，随着图书馆志愿者队伍的逐渐壮大，应设立一个志愿者管理系统，如上海市图书馆OA管理系统，对志愿者的基本信息、工作岗位、出勤情况、服务效果等做好记录，实时更新。同时，还要了解和掌握新媒体，尤其是微信和微博两大平台的应用，通过线下与线上结合，让宣传推广立体化。

5.4 创新能力

创新是志愿服务的生命，是打造特色志愿服务的重要能力。图1是对阻碍社会大众参加志愿服务因素的调查分析：

从图1可以看出，除了受时间因素的影响，阻碍社会大众参加志愿服务的另一个原因是对服务项目及服务内容不感兴趣。单一、重复、呆板的服务工作已经难以对读者和志愿者产生吸引力，图书馆员要在结合业务工作和专业技能的基础上进行创新，形成具有自身特色的志愿服务，如贵州省图书馆少儿部的绘本故事会和外文部的英语角等。

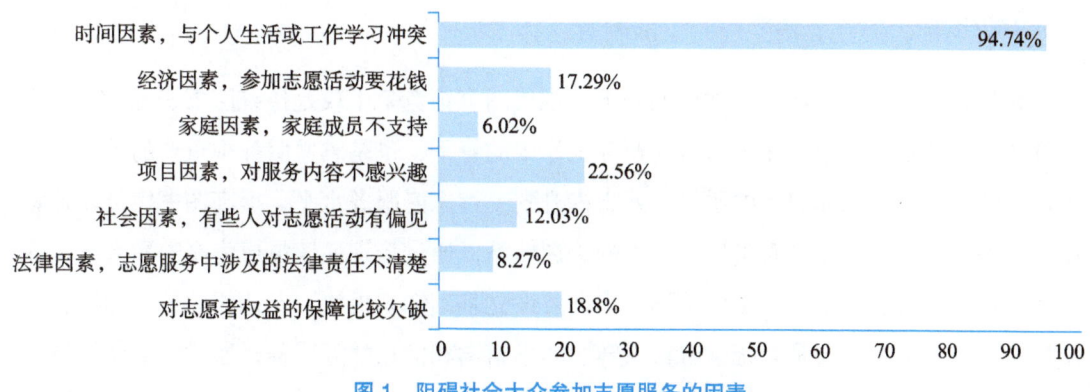

阻碍因素	百分比
时间因素，与个人生活或工作学习冲突	94.74%
经济因素，参加志愿活动要花钱	17.29%
家庭因素，家庭成员不支持	6.02%
项目因素，对服务内容不感兴趣	22.56%
社会因素，有些人对志愿活动有偏见	12.03%
法律因素，志愿服务中涉及的法律责任不清楚	8.27%
对志愿者权益的保障比较欠缺	18.8%

图 1　阻碍社会大众参加志愿服务的因素

5.5 知识更新能力

图书馆是社会的终身学校，也是图书馆员的学校。图书馆员要具备自我学习、主动学习、终身学习的良好素质。从事图书馆工作的服务人员，每天的工作都少不了要和书籍打交道，要知道知识是层出不穷的，图书馆员的任务就是要从海量信息中筛选出更具有价值的新知识，并且将它们进行传播推广，让更多的读者接触到新的知识，因而图书馆员除了要掌握有关图书馆学专业知识外，还需要广泛地涉猎社会学、心理学以及管理学等方面的社会科学知识，这样才能不断提高自己的文化素养以及工作能力，才能更好地发挥图书馆的效用。

6. 图书馆员志愿服务职业素质的提高

6.1 加强与行业领先者的学习交流

受社会经济发展水平的影响，发达地区如北京、上海、广州等地的公共图书馆志愿服务水平相对较高，在志愿者管理、志愿者培训、阅读推广志愿服务等方面更为规范化和系统化。向同行业的领先者进行学习是快速提升欠发达地区公共图书馆志愿服务水平和图书馆员职业素质的最佳途径，学习交流大概可以分为两种，一是以欠发达地区公共图书馆的实际出发，列出自身存在的误点和盲点，带着问题到行业领先者中进行实际调研；二是系统地组织图书馆员参加行业领先者举办的志愿服务方面的培训，如 2015 年 4 月 22 日，上海市图书馆学会举办的"阅读推广人"计划暨首期"阅读推广人"培训。通过和领先者的学习交流，让一部分图书馆员形成系统的志愿服务思维，具备志愿服务的专业技能。

6.2 强化培训，建立完善的在职培训制度

在科技高速发展、经济全球化的今天，现代图书馆竞争不仅是传统图书资源竞争，而且是图书馆员素质竞争。图书馆员是业务工作中的骨干，也是志愿服务中重要的因素，图书馆员的素质决定志愿服务的质量。要想提升图书馆志愿服务水平，提高图书馆员职业素质，图书馆要建立一套具有市场竞争力的培训体系，通过培训使馆员成为高素质人才，成为图书馆增强市场竞争力的重要筹码，培训要设立基础知识板块、专业能力板块和综合素质板块。基础学习主要是系统学习目录学、图书馆学和信息学等课程，通过培训让馆员了解国际国内最新管理经验和做法，以及图书情报学方面的最新发展动态；专业技能培训以图书馆员的业务工作为主，如儿童阅读推广、古籍修复等；综合素质培训主要着重在信息技术应用、基础英语、计算机系统应用、管理能力、创新思维等方面。通过制定详细的培训计划，保证培训具有系统性和连续性[4]。

6.3 制定考核和人才激励竞争制度

公共图书馆员存在积极性不高的问题，公共图书馆缺乏合理的考核和激励竞争机制。首先，图书馆员的考核要建立起量化指标，把一部分相对固定的、长期的工作进行量化，设定等次，同时对于窗口部门，要把读者服务评价纳入到图书馆员的年终评定考核中，要同图书馆员的职务晋升、奖惩挂钩。其次，鼓励创新，建立创新奖励机制，要在图书馆员的各项工作中提倡创新意识，培育创新能力；建立创新评价体系，尤其是在管理创新、服务创新、制度创新三个大的方面要构建评价奖励系统；再次，引入竞争机制，建立合理的人员流动机制，让图书馆员"动起来"，在部门之间的流动学习中形成大局观；通过奖勤罚懒、奖功罚过来形成良性竞争，激发图书馆员的潜能。要把调动广大图书馆员的工作积极性，增强工作责任感，提高服务质量和工作效率作为奖竞考核制度建立的基础。

7. 结语

图书馆员职业素质对于志愿服务的作用是一种内部的推动，不同于外部客观条件的刺激和协助，图书馆员职业素质的提高对于志愿服务的作用更直接也更有效。通过提高图书馆员的职业素质，在对志愿服务形成内部动力的同时，也能在社会上形成良好风气。

参考文献：

[1]陆宁.图书馆志愿服务的现状分析与建议[J].科学大众·科学教育，2015（11）.

［2］宋家梅.图书馆志愿者管理研究［D］.河北大学,2013.

［3］蒋蓓蓓,刘福祥.新时期公共图书馆员服务理念与服务心态研究［J］.科技情报开发与经济,2014（21）.

［4］胡尔西·朱玛别克.浅谈公共图书馆员的职业素养［J］.中文信息,2014（11）.

欠发达地区公共图书馆文化志愿服务探索
——以贵州省图书馆为例

张少华（贵州省图书馆，贵州 贵阳 550004）

摘　要： 贵州省图书馆结合本地区和行业的特点，探索文化志愿服务长效工作机制和活动运行机制，成立"中国文化志愿者"贵州省图书馆文化志愿者服务队，培育"新布客儿童阅读推广志愿者"特色文化志愿服务品牌，并在六盘水市图书馆试点推广志愿服务工作机制。对经济欠发达地区公共图书馆开展文化志愿服务工作有积极的借鉴意义。

关键词： 文化志愿服务；新布客；阅读推广；服务品牌

　　党的十八大和十八届三中、四中、五中全会提出了"广泛开展志愿服务""支持和发展志愿服务组织"的要求。2015年1月，中共中央办公厅、国务院办公厅印发了《关于加快构建现代公共文化服务体系的意见》，强调"大力推进文化志愿服务，大力弘扬志愿服务精神，坚持志愿服务与政府服务、市场服务相衔接，奉献社会与自我发展相统一，社会倡导和自愿参与相结合，构建参与广泛、内容丰富、形式多样、机制健全的文化志愿服务体系"[1]。从2012年到2016年，文化部和中央文明办每年都联合发文部署开展文化志愿服务工作。公共图书馆作为社会公共文化服务体系的重要组成，是开展文化志愿服务的有利场所，可以为开展文化志愿服务搭建服务平台，特别是在开展阅读推广服务方面，具有开展阅读推广文化志愿服务的资源优势。贵州省图书馆是经济欠发达地区的省级公共图书馆，按照贵州省文化厅的总体部署和要求，结合本地区实际情况和行业特色，积极开展文化志愿服务工作，探索文化志愿服务长效工作机制和活动运行机制，成立了"中国文化志愿者"贵州省图书馆文化志愿者服务队，培育"新布客"儿童阅读推广文化志愿服务品牌项目。

1. 贵州省图书馆文化志愿服务工作概况

贵州省图书馆于 2009 年开始开展文化志愿者工作，2015 年 5 月成立"中国文化志愿者"贵州省图书馆服务队，目前服务队有 300 名成员。为打造儿童阅读推广服务品牌，我馆于 2016 年 1 月成立了约 50 人的"新布客"儿童阅读推广志愿者团队，2016 年 5 月组建贵州省图书馆—六盘水市图书馆"新布客"儿童阅读推广志愿者团队（约 50 人）。他们是图书馆文化志愿服务团队中的特色队伍，专注儿童阅读推广公益活动的特色文化服务。贵州省图书馆在活动开展过程中，规范工作机制，引导和搭建平台，让文化志愿者在图书馆读者服务、阅读推广、大型公益文化活动的开展、图书馆工作研究等领域发挥积极作用。

2010~2013 年，贵州省图书馆与香港乐施会合作开展《贵阳市社区儿童阅读共享项目》。招募爱心志愿者，组建专业阅读推广志愿者团队，重点开展针对流动儿童和留守儿童的阅读推广工作，在三所流动儿童学校开展阅读推广活动 69 次，直接受益人数超过 3000，此项目获"2013 年社区乡镇阅读推广活动优秀案例征集"最佳案例奖第一名。

2013 年 7~11 月，贵州省图书馆与贵阳市文明办联合开展"越读越精彩"贵阳市社区少儿阅读推广活动项目，阅读推广志愿者团队在贵阳市 22 个未成年人思想道德建设示范点社区进行了 22 场儿童阅读推广活动和志愿者服务示范活动，直接受益人数约 1200 人。此活动在出版界图书馆界全民阅读年会（2014）"全民阅读案例征集与评选"案例评比中获二等奖。

2010~2016 年的世界读书日贵州省图书馆与多家单位联合策划组织了六届大型阅读推广活动"社区儿童图书音乐节"，每年约有 40 位志愿者参与活动的组织与开展，此活动曾在 2012 年获"全民阅读推广活动经典、创新案例"一等奖。

2015 年 5 月我馆在图书馆服务宣传周之际成立"中国文化志愿者"贵州省图书馆服务队。

2016 年 1 月，贵州省图书馆为打造儿童阅读推广的服务品牌，我馆将阅读推广志愿者服务队命名为新布客儿童阅读推广志愿者团队。为提升"新布客"儿童阅读推广志愿者的专业性服务能力，我馆为志愿者组织了五场公益性培训讲座，同时启动标志的商标注册工作这标志着我馆文化志愿服务向更专业和规范的方向发展。

2016 年 5 月，贵州省图书馆充分发挥省级公共图书馆的业务指导作用，指导六盘水市图书馆组建贵州省图书馆—六盘水市图书馆新布客儿童阅读推广志愿者团队，并对团队进行了儿童阅读推广服务培训，试点将省图新布客儿童阅读推广志愿服务模式在异地进行推广。

2016年9月，贵州省图书馆实施的"新布客儿童阅读推广服务项目"整合文化志愿服务、儿童阅读推广与精准扶贫工作三个社会热点，在出版界图书馆界全民阅读年会（2016）中获全民阅读案例一等奖，获得贵州省文化厅专项资金65万元支持，建设十个项目点，开展特色文化志愿服务。

2. 贵州省图书馆文化志愿服务的组织与运行机制

2.1 建立有效的文化志愿服务工作领导机制

有效的文化志愿服务工作领导机制是开展文化志愿服务工作的有力保障。贵州省图书馆成立了文化志愿服务领导小组，规定由贵州省图书馆法人代表任小组组长。贵州省图书馆领导班子成员任副组长。各部门主任为组员，组建"中国文化志愿者"贵州省图书馆服务队伍，发放统一的注册志愿者证书，制作服务旗帜和统一的徽章。志愿者由各业务部门负责招募、培训、组织、管理，由党委办公室负责注册、管理并建立文化志愿者电子档案。现少儿部、典藏部、外文部、文献部等部门都有由文化志愿服务者开展的相关文化志愿服务。

2.2 规范管理，加强文化志愿者队伍建设

贵州省图书馆根据黔文发〔2015〕4号《贵州省文化厅关于开展文化志愿服务工作的意见》及《贵州省文化志愿者管理暂行办法》，制定《贵州省图书馆文化志愿服务工作实施方案》和《贵州省图书馆志愿者招募规程》，就图书馆文化志愿服务与组织、文化志愿者的招募、文化志愿者权利与义务、文化志愿者激励和表彰等做了详细说明，从而规范文化志愿者管理。为打造文化志愿服务品牌，贵州省图书馆少儿部专门制定了《新布客儿童阅读推广志愿者服务规范（草案）》。

文化志愿者队伍建设采用定期招募和长期招募相结合的方式招募志愿者，贵州省图书馆同时与贵州大学明德学院红十字会社团和贵州交通职业技术学院青年志愿者联合会合作，签订社会实践合作协议，高校社团每年招募大学生志愿者组织大学生参与文化志愿服务。贵州省图书馆每年对志愿者根据岗位定期或不定期举行培训，对新布客儿童阅读推广志愿者进行阅读推广技能培训；对到图书馆参加日常图书管理和读者服务的高校志愿者，开展图书馆业务基本知识培训、志愿者服务规范等培训活动；在开展大型文化公益活动时，对志愿者开展服务礼仪、活动内容的培训，提升文化志愿者服务及团队协作能力。每年对志愿服务工作进行总结和表彰，2016年评选了贵州省图书馆首批五星新布客儿童阅读推广志愿者。

2.3 搭好文化服务平台，拓展多层次文化志愿服务形式

贵州省图书馆为文化志愿者积极搭好文化服务平台，拓展多层次的文化服务形式。文化志愿者服务的内容有：一是常规图书馆日常图书管理和读者服务等一般服务；二是大型文化公益活动协作，如每年图书馆服务宣传周、世界读书日"社区儿童图书音乐节"等活动中协助活动的开展；三是公益培训，利用文化志愿者专长开展与阅读相关的朗诵公益培训活动；四是阅读推广，参与阅读推广活动，新布客儿童阅读推广志愿者每年在省图少儿部开展约20场新布客绘本故事会活动，为孩子们展示好书，激发阅读兴趣；五是特长支持，外文部的文化志愿者为每周一次的英语角活动开展服务活动等等。六是科研协助，我馆吸纳文化志愿者参与图书馆工作研究的深层次文化志愿服务中，如：新布客儿童阅读推广五星志愿者刘雪飞老师作为课题组成员参与贵州省图书馆申报的国家公共文化服务体系制度设计研究的课题研究中，多级次的文化志愿服务为图书馆工作提供人力、智力支持，丰富文化志愿服务的内涵。

2.4 积极拓展社会筹资渠道，多渠道拓展文化志愿者服务经费

目前，我国各级公共图书馆主要是由各级政府投入经费，区域的经济发展水平，造成图书馆事业发展的不均衡，对经济欠发达地区的图书馆而言，经费的短缺是开展文化志愿服务的瓶颈，贵州省图书馆十分注重吸纳社会力量参与文化志愿服务工作，除从公共图书馆免费开放服务经费中保障文化志愿服务的经费外，并多渠道拓展文化志愿者服务经费来源，在开展文化志愿服务经费的来源中，有以下渠道，一是NGO组织基金会的投入，如香港乐施会在《贵阳市社区儿童阅读共享项目》投入人民币约15万元支持图书馆招募组织志愿团队和开展阅读推广文化志愿服务；二是政府的支持，如《"越读越精彩"贵阳市社区少儿阅读推广活动项目》由贵阳市文明办投入3万元人民币；三是企业的赞助，2015年、2016年华润集团对"社区儿童图书音乐节"活动中的40名志愿者服务提供交通补贴费等等，多渠道拓展文化志愿者服务经费，弥补了有限的公共图书馆免费开放服务经费，保障文化志愿者服务的顺利开展。

3. 贵州省图书馆开展文化志愿服务的特色

3.1 注重文化志愿服务的品牌塑造

商标是用来区别一个经营者的品牌或服务和其他经营者的商品或服务的标记，商标是商标注册者的无形资产，可以有效保护商标注册者的权益，知名的商标可以给商标注册者

带来巨大收益[2]。但相关研究表明：我国图书馆的品牌理念意识不强，"我国目前共有35个图书馆申请商标注册，根据注册情况可分析出，目前我国图书馆界对服务品牌的商标权保护有初步意识，但不强，全国图书馆的服务品牌众多，注册商标的数量相对较少"[3]。国家图书馆"文津讲坛"是图书馆界品牌运营的优秀成功案例，注册有商标，并有效拓展了音像制品、"文津讲坛"系列丛书等品牌衍生产品[4]。贵州省图书馆用现代营销理念开展文化志愿服务的品牌塑造，从2016年开始启动"新布客"儿童阅读推广志愿服务品牌塑造工作，开展精准的群体服务。向国家商标局申请注册"新布客"服务标志，服务标志已注册成功。LOGO标志突出"至乐读书"和儿童服务的内涵。LOGO设计为一小孩坐在书上快乐读书，书的侧面像"B"，看书的小孩像字母"K"，标志底色为温暖的橙黄色，象征阅读像阳光一样温暖人的心灵。"新布客儿童阅读推广志愿者"是"新布客"品牌的重要子品牌，另有两个平行品牌是"新布客书屋"和"新布客绘本故事会"。

3.2 利用媒体多方宣传报道文化志愿服务工作

在开展文化志愿服务活动时，同步策划活动宣传方案，充分运用报纸、广播、电视等传统媒体以及新媒体，进行活动前期宣传、活动过程报道、活动总结宣传，展现活动成果和志愿者风采。如今年贵州省图书馆开展的"新布客儿童阅读推广志愿服务队成立及培训活动"，贵州广播电视台《百姓关注》栏目、贵阳市广播电视台《贵阳新闻》栏目、贵阳市广播电视台《红帆船》栏目《贵州都市报》《贵阳晚报》《贵州政协报》《贵州商报》等电视、报纸、传统媒体对活动进行报道。在新媒体宣传方面，"新布客"儿童阅读推广志愿者设有"新布客"儿童阅读推广志愿者QQ群、微博、微信群，贵州省图书馆网站、贵州省图书馆微信公众号等，很好地宣传了我馆文化志愿服务。

3.3 注重文化志愿服务理论研究，指导文化志愿服务实践

科学理论对实践有巨大的推动作用。贵州省图书馆注重文化志愿服务理论研究，用理论指导和提升文化志愿服务实践工作。2015年贵州省图书馆向文化部申请的国家公共文化服务体系制度设计研究课题《经济欠发达地区公共图书馆特色文化志愿服务模式研究——以贵州省特色文化志愿服务为例》，获得立项。课题组开展了相关的理论研究，对公共图书馆特色文化志愿服务内涵进行解析，明晰特色文化志愿服务的概念，从贵州省文化志愿服务工作入手，对贵州省公共图书馆文化志愿工作及文化志愿者调查分析，探讨特色文化志愿服务的保障机制、文化志愿服务者志愿服务心理研究，阅读推广活动中的儿童服务心理，未成年人志愿者的培育和管理模式，等等。这些理论成果很好地推动了贵州省图书馆的特色文化志愿服务工作，在文化志愿实践工作中探索适合本地区规范化的文化志

愿者管理机制，塑造"新布客"特色文化志愿服务品牌，启动"新布客"标志注册工作，成立贵州省图书馆新布儿童阅读推广志愿者团队，制定《新布客儿童阅读推广志愿者服务规范（草案）》。

贵州省图书馆还将总结梳理出的新布客特色文化志愿服务模式，以项目运营的方式在贵州省试点推广。2015~2016年实施了"贵州省图书馆新布客儿童阅读推广服务项目"，在贵州省贫困地区建设5个项目点，项目以现代连锁运营理念塑造品牌，贵州省图书馆投入价值5万元儿童阅读文献及设备，负责培训和指导项目点儿童阅读推广文化志愿服务工作。项目点机构提供场地和负责开放服务，变援建为共建，搭建特色文化志愿服务平台。此项目工作精准定位服务，整合了文化志愿服务、儿童阅读推广与精准扶贫的社会热点，获"出版界图书馆界全民阅读年会（2016）"全民阅读案例一等奖。

"公共图书馆作为人们寻求知识的重要渠道，为个人和社会群体进行终身教育、自主决策和文化发展提供了基本条件"[5]。公共图书馆为弘扬"奉献、友爱、互助、进步"的志愿服务提供服务平台，特别在经济欠发达地区，开展文化志愿服务工作，既是对社会主义核心价值观的培育和践行，又是对图书馆事业发展的积极促进。

参考文献：

[1] 中共中央办公厅，国务院办公厅. 中共中央办公厅，国务院办公厅印发《关于加快构建现代公共文化服务体系的意见》（全文）[EB/OL]. (2015-01-14) [2016-05-10]. http://www.gov.cn/xinwen/2015-01/14/content_2804250.htm.

[2] 许尧尧. 浅谈图书馆服务品牌的商标权保护[J]. 图书情报工作，2012（A2）.

[3] 拱佳蔚. 图书馆讲坛设计[C]//图书馆阅读推广基础工作. 北京：朝华出版社. 2015.

[4][5] 联合国教科文组织公共图书馆宣言1994. [2016-05-10]. http://baike.so.com/doc/182739-193030.html.

公共图书馆文化志愿服务保障机制的探讨
——以贵州文化志愿服务为例

周 琦（贵州省图书馆，贵州 贵阳 550004）

摘 要： 公共图书馆是公共文化场所的重要组成部分，是提升全民素质的公益机构，是开展公共文化服务的重要场所，因此，它是开展文化志愿服务的绝佳之地。想要充分发挥文化志愿者的优势，创新服务方式，拓展图书馆的服务范围，亟待解决的问题就是构建一套文化志愿服务的保障机制。文章从贵州公共图书馆文化志愿服务的调研出发，分析文化志愿服务现状，对构建文化志愿服务保障机制进行探讨。

关键词： 公共图书馆；文化志愿者；文化志愿服务；保障机制

2011年，国家将文化志愿者服务正式纳入公共文化服务体系建设中，随后采取大量举措推动全国各地文化志愿服务工作。2016年7月14日颁布的《文化志愿服务管理办法》标志着我国公共图书馆文化志愿服务开始纳入国家文化主管部门的重要工作日程。2016年12月全国人大常委会通过了《中华人民共和国公共文化服务保障法》，其中第四十三条明确指出：国家倡导和鼓励公民、法人和其他组织参与文化志愿服务。公共文化设施管理单位应当建立文化志愿服务机制，组织开展文化志愿服务活动。县级以上地方人民政府有关部门应当对文化志愿活动给予必要的指导和支持，并建立管理评价、教育培训和激励保障机制[1]。本法对文化志愿服务工作自上而下给予了有力的法律保障。公共图书馆作为公益性文化事业单位，是推广全民阅读的重要场所，各级政府应支持图书馆联合教育界、妇联、残联、文联等单位或机构，组织开展文化志愿服务工作，充分发挥图书馆的社会教育职能。

我国图书馆界引入志愿者服务，始于20世纪90年代。1994年我国成立中国青年志愿者协会，该协会曾在国内多家公共图书馆开展志愿服务活动。在公共图书馆行业中，福建省图书馆始建了第一支文化志愿者队伍。此后，全国各地省市公共图书馆先后开展了文化志愿服务。贵州省文化厅 2015 年制定了《贵州省文化厅关于开展文化志愿服务工作的意见》《贵州省文化志愿者管理暂行办法》，在全省有力推进文化志愿服务工作。贵州图书馆文化志愿服务队伍的逐渐壮大，暴露出文化志愿服务保障机制不健全、保障措施不到位等亟待解决的问题，这些问题严重制约了文化志愿服务事业的整体发展。因此，文章就构建文化志愿服务保障机制的问题进行探讨。

1. 贵州公共图书馆文化志愿服务状况

贵州省图书馆课题组对贵州公共图书馆文化志愿服务工作进行了网络问卷调查，共收到有效问卷 85 份，其中包含 1 家省级公共图书馆、9 家地级市公共图书馆、75 家区县级公共图书馆，本调查从以下几个方面进行：

1.1 文化志愿服务工作的起步

贵州公共图书馆文化志愿服务情况并不乐观，课题组对全省 85 家公共图书馆是否开展文化志愿服务工作做了问卷调查。结果显示：已开展文化志愿服务工作的占 62.35%，至今尚未开展文化志愿服务工作的县级以上图书馆占 37.65%。如表 1 所示：

表 1 公共图书馆开展文化志愿服务情况

选项	数量	比例
已开展文化志愿服务工作的县级以上公共图书馆	53 家	62.35%
未开展文化志愿服务工作的县级以上公共图书馆	32 家	37.65%

1.2 文化志愿服务工作的发展

2014 年后，贵州省县级以上公共图书馆开展文化志愿服务工作的占 44.44%，由此可见国家将 2014 年确定为"文化志愿服务推进年"，着实推动了贵州很多县级公共图书馆开展文化志愿服务工作。如图 1 所示：

图 1 公共图书馆开展文化志愿服务趋势图

1.3 文化志愿服务招募方式

贵州省县级以上公共图书馆志愿者招募对象主要以个人招募为主，兼有团体招募等多种方式并行。在调研的 85 家县级以上公共图书馆中，通过个人招募加入的占比高达 81.13%，其次是学生实践基地占 58.49%。显而易见，社会的爱心人士遍及到各个角落，我们应把零散的爱心凝聚在一起，形成合力为需要的地方送去服务。如图 2 所示：

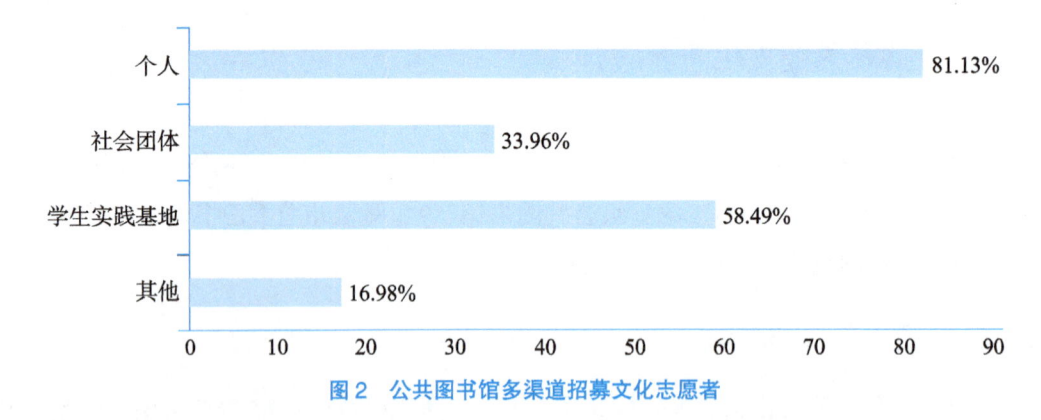

个人　　　　　81.13%
社会团体　　　33.96%
学生实践基地　58.49%
其他　　　　　16.98%

图 2　公共图书馆多渠道招募文化志愿者

1.4 文化志愿者经费补贴

贵州 73.58% 的公共图书馆均没有对文化志愿者发放任何经费补贴，原因在于国家没有任何的相关文件，对文化志愿者在交通及用餐等生活保障方面给予适当的补助，没有文件依据，因此图书馆无从发放。如图 3 所示：

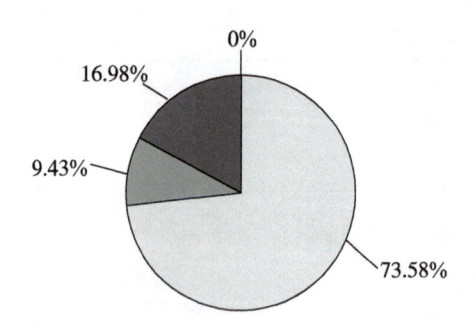

0%
16.98%
9.43%
73.58%

图 3　公共图书馆发放文化志愿者津补贴状况

1.5 文化志愿服务主要内容

贵州公共图书馆的志愿服务内容进行了调研，其中志愿者协助开展阅读推广活动占据榜首 94.12%，协助文献流通服务及公益讲座均占据了 70.59%，协助读者活动策划及文献管理占据了 58.82%。显而易见，文化志愿服务质量的高低很大程度上影响到图书馆服务的水平。如图 4 所示：

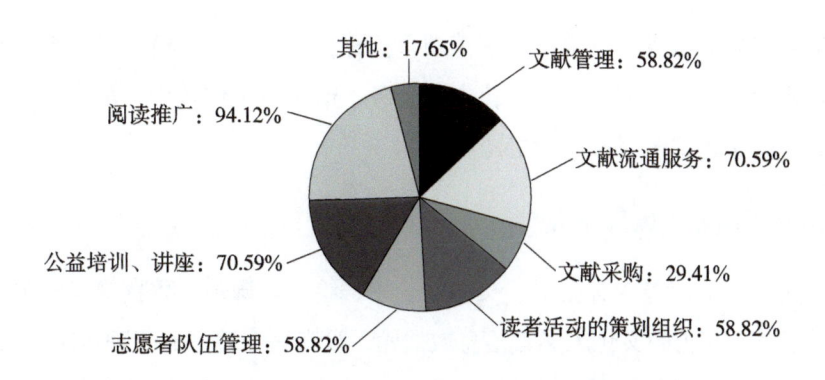

图4 公共图书馆开展文化志愿服务内容

1.6 文化志愿服务工作的经费来源

贵州 70.59% 的公共图书馆开展志愿服务工作经费都来自于本馆，政府、企业、基金会等第三方资金赞助很少。如图 5 所示：

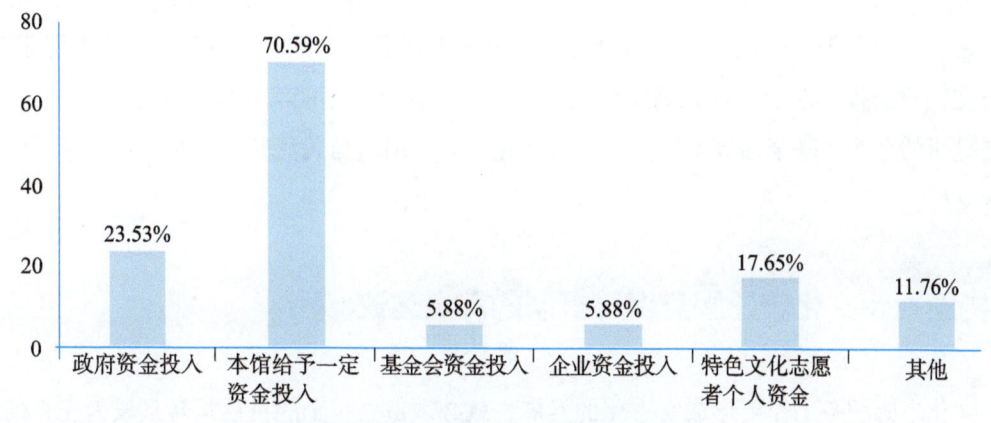

图5 公共图书馆文化志愿服务经费来源

综上可见贵州文化志愿服务的几个特点：①大部分地区均开展志愿服务工作，但起步较晚；②政府参与管理较少，大部分是由图书馆自行管理，无统一规范及保障机制；③公共图书馆对文化志愿者几乎没有发放交通餐费补贴，购买工作时保险等基本保障；④文化志愿者在公共图书馆主要协助开展阅读推广，活动策划，文献流通等工作；⑤公共图书馆开展文化志愿服务经费主要来源于图书馆，企业、基金会等第三方出资赞助非常少。

2. 贵州公共图书馆文化志愿服务存在的问题

2.1 文化志愿服务管理机构缺乏权威性

本项目调研了贵州 85 个县级以上公共图书馆，其中有 53 家已开展了图书馆文化志愿服务工作。但文化志愿服务工作都由图书馆独自招募，自主管理的模式，无统一规范和较为完善的保障机制。政府虽倡导支持文化志愿服务，但参与工作较少，没有组建一个权威性高、公信力强的文化志愿服务管理机构。

2.2 文化志愿服务信息数据库不健全

文化的范畴十分宽泛包含有图书、文博、艺术、绘画、舞蹈、教育等专业领域，图书馆尚未建立一套较为完善的文化志愿者信息数据库，没有一个统一的管理机制，激励机制，保障机制来规范文化志愿者团队，无法在项目启动时，立刻找到合适的文化志愿者，也限制了文化志愿者跨地区、跨行业地自主选择服务项目，文化志愿者无法根据自身的特长爱好服务于一项或者多项，在文化志愿服务工作中学习成长。

2.3 文化志愿服务无经费保障

贵州公共图书馆文化志愿服务经费大部分来源于本馆，贵州本属于经济欠发达地区，特别是县级公共图书馆经费紧缺的情况下，很难用有限的经费来大力开展文化志愿服务。政府在经费上投入较少，社会捐赠的临时性、随意性远远不能满足文化志愿服务的需求，加之贵州的企业、基金会等第三方对公益文化事业的捐赠与关注较少，难于获得第三方的经费支持。

3. 构建贵州文化志愿服务保障机制的几点建议

文化志愿服务工作要形成常态化的发展，就必须建立一个能良性运转且较为完善的保障机制，而在这个机制中主要涉及以下五个方面：政府主导、志愿服务管理机构、活动组织者、文化志愿者、社会力量，这五个方面相互相成，只有形成有机的整体，才能高效运作，发挥效能。

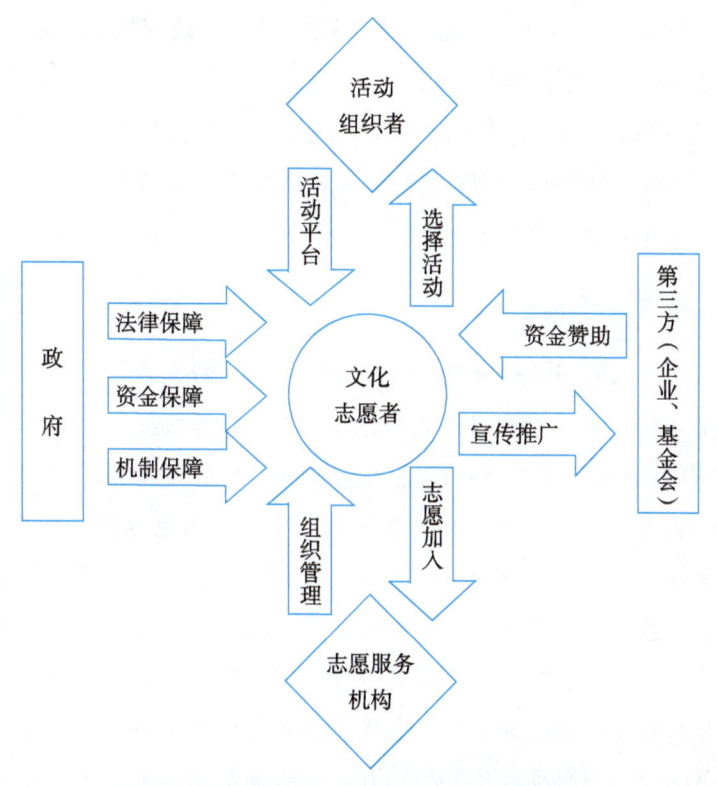

图6　公共图书馆文化志愿服务保障机制关系图

3.1 组建文化志愿服务管理机构

　　文化志愿服务是指文化志愿者利用自己的时间和精力，在不记物资报酬的情况下，自愿为文化事业提供服务。《公共文化服务保障法》中明确指出：公共文化服务管理单位应当建立文化志愿服务机制，政府应当给予支持与指导。当下文化志愿者队伍的不断壮大，文化志愿服务可涉及的服务领域比较宽泛，若图书馆的文化志愿者想走入学校开展阅读推广活动，就会受到学校的阻挠，原因就在于跨行业的服务，需要双方进行合作洽谈，还需要教育局的批示。无形中将文化志愿服务活动方案的审核转移到活动组织方与受益方，文化志愿服务范围大大受到了限制，若文化志愿服务管理机构可将文化系统、教育系统、妇联、残联、媒体等多系统联合，出台一套跨行业的宏观文化志愿服务管理办法，打通跨行业开展文化志愿服务的通道，相应各行业根据行业特性具体制定出详细可操控的管理条例，无论是延伸文化志愿服务范围，还是文化志愿服务的非营利性和公益性上，都体现出在政府的支持和监管下，组建一支文化志愿服务管理机构，并由专职人员来进行管理，是文化志愿服务工作常态化规范化运作的前提保障。深圳市义工联合会是由共青团深圳市委发起，1990年4月注册成为是中国内地第一个义工法人社团[2]。成立以来，市义工联在市委、市政府的高度重视，在深圳市推行了"志愿服务积分入户"志愿服务激励举措，从政府层面也给予了强有力的政策支持，鼓励了很多外地到深圳工作的有志青年加入到了志愿者队伍中来。组建一支文化志愿服务管理机构，更有利搭建政府、企业、文化志愿者、活动组织者的之间的桥梁，力争政府的有力政策，发挥企业及文化志愿者的自主选择权，从人力、财力、物力三方面保障文化志愿服务的良好运作。

3.2 制定文化志愿者管理条例

为推动贵州文化志愿服务标准化、规范化地发展，贵州省文化厅针对贵州文化志愿者已制定出《贵州省文化志愿服务管理办法》，贵州省图书馆立足实际工作，突显行业特色，在34个布客书屋项目点自行组建当地的布客儿童阅读推广文化志愿者团队，并统一依据《贵州省文化志愿服务管理办法》进行管理。考虑到西部属于全国贫困地区，人民的生活水平较低，文化志愿者虽不需要支付劳动报酬，但因其参与文化志愿服务所产生的交通费、餐费，一些文化志愿服务活动因时间长、路途远所购买的意外险等，这些基本保障文化志愿者权益的内容都在管理细则中写明，给予以合理解决，保障贫困人口也能无忧地参与到文化志愿服务中。文化志愿者管理条例中，还可采用政策激励、自我激励、精神激励和表彰激励等各种激励方式，激励不同追求的文化志愿者在志愿服务中不断实现自我价值，例如：让企业适当享受地方政策优惠或企业宣传推广的效益，激励企业主动参与文化志愿服务工作。让文化志愿者队伍规范化、精准化、常态化发展，走得更远、走入更多特殊人群。

3.3 创建文化志愿服务网络平台

随着大数据时代的到来，文化志愿服务的网络化、双向化、人性化管理已迫在眉睫。如澳大利亚图书馆的网络化信息管理平台实现了志愿者管理的全部网络化，简化流程、节约成本；德国的全球志愿者信息化管理平台实现了"志愿服务无国界"的梦想[3]。文化志愿服务管理机构需开发一套基于互联网的文化志愿服务管理系统，打通项目易找人，人能找项目的双向通道，并从省市州县逐层组建注册文化志愿服务支队，实现文化志愿者的异地服务记录，及异地档案的网络化管理，促进文化志愿者及项目自主选择服务对象。贵州省布客儿童阅读推广文化志愿者已加入了《志愿贵州》网络平台，尝试着利用信息技术来高效管理文化志愿者的队伍，搭建志愿者与服务项目的平台，让双方通过平台进行自由配对，同时，解决了跨地区全省布客书屋儿童阅读推广文化志愿者的实时关注与管理。

3.4 多渠道筹集各类资金

文化志愿服务的非营利性和公益性决定了可得到政府的基本经济保障，但这些经费远远不足以开展文化志愿服务活动。翰霍普金斯大学公民社会研究中心主任莱斯特•M•萨拉蒙教授将志愿组织的资金来源分为3个方面：会费和其他商业收入；公共部门的支持；慈善和私人捐赠[4]。我省地处经济欠发达地区，知名企业较少，且企业的支持赞助无法保证其连续性，文化志愿服务的经费主要来源于图书馆的经费。各级政府应设立文化志愿服务专项保障资金，用于文化志愿服务工作的管理、激励及活动的组织开展。国际上，志愿组织的资金主要来源于政府资助，比如在加拿大、意大利等国家政府投入到志愿服务事业的经费占60%；新西兰政府为志愿服务事业投入约占56%[5]。贵州省图书馆多次与政府、基金会、企业等合作，获得第三方的资金支持，确保开展文化志愿服务项目的经费保障。2010—2013年，省图与香港乐施会合作开展《贵阳市社区儿童阅读共享项目》，香港乐施会为该项目提供了14多万的资金，贵州省图书馆通过招募志愿者组建专业阅读推广志愿者团队，针对流动儿童和留守儿童的在3个项目点走进班级开展了57场阅读推广工作。此项目取得了良好的社会效应，获得了"2013年社区乡镇阅读推广活动优秀案例征集"最佳案例奖第一名。2010年至今每年的世界读书日，贵州省图书馆联合贵阳市文明办、贵阳广播电视台、贵阳市图书馆、企业等多家单位共同举办"社区儿童图书音乐节"活动，该活动是大型的开放式活动，每天活动的接待人次近上千人，一个主舞台和十个特色小铺活动的同时进行，需要大量的人力，大学生志愿者是该项活动的文化志愿者，也是活动能顺利进行的有力人力保障。每年该活动的经费都是由多家单位筹资，企业赞助的形式，让活动圆满成功地走过了八个年头，此活动2012年获中国图书馆学会"全民阅读推广活动经典、创新案例"案例征集一等奖。

文化志愿服务工作需要承上启下，外联内管，需要建立一个专门的机构让专职人员系统地来开展这项工作，从人财物三方面健全文化志愿服务保障机制，让文化志愿服务的专业性得到社会的认可，让文化志愿者得到专业人士的肯定，激励社会各界爱心人士、企业等加入文化志愿队伍，纵向横向地实现文化志愿服务层次化网络管理，让文化志愿服务工作步入可持续发展的轨道，集社会各种力量在社会各角落闪烁光芒。

参考文献：

［1］中华人民共和国公共文化服务保障法［EB/OL］.［2016-12-25］http://www.npc.gov.cn/npc/xinwen/2016-12/25/content_2004880.htm.

［2］深圳市义工联合会［EB/OL］.［2016-12-20］. https://baike.baidu.com/item/%E6%B7%B1%E5%9C%B3%E5%B8%82%E4%B9%89%E5%B7%A5%E8%81%94%E5%90%88%E

4%BC%9A/5998576?fr=aladdin.

［3］王方圆.多方共建文化志愿服务保障机制研究［J］.图书馆学刊，2015（10）.

［4］［5］蒋欢.新加坡志愿服务保障机制及其对中国的启示［J］.北方文学，2012（3）.

经济欠发达地区公共图书馆对未成年人志愿者的培育和管理模式探究

黄 瑾 (贵州省图书馆,贵州 贵阳 550004)

摘 要: 中国经济发达地区的志愿者服务与管理机制运作已较为成熟,而在国内经济欠发达地区如何构建规范、高效、可持续发展的志愿者管理模式则尚处于摸索阶段,本文以贵州省图书馆开展未成年人志愿者活动为例,分析图书馆此举的深远意义及对未成年人的理念培育,同时粗浅探索出一种专门针对未成年人志愿者招募、综合培训、考核和长效培育相结合的可持续发展管理模式,以期为拟开展未成年人或成年志愿者服务的公共图书馆在管理和运行机制方面提供一定的借鉴。

关键词: 志愿者;未成年人;公共图书馆;培育;管理;规范

随着我国社会经济的发展,人们对精神文化生活提出更高的要求,尤其是在家长对孩子的教育方面。在物质生活上给予孩子极大满足的同时,家长更愿意他们从小就有机会去体验志愿精神、养成公共服务意识、提高综合素质,而图书馆这个能激发学习兴趣、拓展知识面的好去处便成为父母们让孩子进行社会实践的首选,因此越来越多的未成年人加入到公共图书馆志愿者的行列中来,这不仅为公共图书馆增添了活力,同时也推动了我国图书馆志愿服务事业的发展,引发了社会的广泛关注。

志愿者又称"义工",其英文"volunteer"来源于拉丁文中的"voluntas",意为"意愿"。志愿者这一名称被正式提出的时间不长,但志愿者服务却由来已久,其起源于19世纪初西方国家宗教性的慈善服务,在二战后得到普及和规范化。我国志愿者组织起步于1994年中国青年志愿者协会的成立,重庆市少年儿童图书馆从1990年开始以"小义工"的活动模式招募未成年人志愿者,这在我国公共图书馆中尚属首例。1996年福建省图书馆建立了图书馆志愿者组织,由此开始了我国图书馆志愿者的活动与研究。随后广州少儿图书馆、大连少儿图书馆、湖南少儿图书馆和广州市越秀区图书馆开始招募未成年人志愿者[1]。而经济欠发达地区普遍囿于经费不足或无专项活动经费、设施设备落后、观念落后、人员素质不高等诸多因素制约，仍有部分公共图书馆从未开展过未成年人志愿服务活动，而摸索着开展了此项活动的图书馆也缺乏符合各年龄段成长规律的积极引导、管理规范和有针对性的长期培育计划。未成年人这个特殊群体因生理、心理都尚未成熟，知识水平、社会经验等方面的能力较为有限，在图书馆他们既提供志愿服务又受益于图书馆教育，尤其在一些经济欠发达的地区，更应结合本地实际探究出包含招募机制、培训机制、评估机制、反馈机制的系统化管理模式，以文化助推经济发展，形成良性循环。

笔者自 2009 年 1 月贵州省图书馆少儿部对外开放伊始便从事小志愿者队伍的搭建、培训和管理等工作，在实践基础上尝试构建出适合欠发达地区图书馆发展的未成年人志愿者管理长效机制。现将活动的意义、工作流程、各类表格和工作方法梳理如下，也许能为拟开展此项服务的欠发达地区图书馆提供具有可操作性和可复制性的工作方案。

1. 公共图书馆开展未成年人志愿者活动的深远意义

省级公共图书馆是一个省的文化标杆，所拥有的文献资源和数字资源是地区级公共图书馆无法比拟的，相应读者量和读者需求也比一般公共图书馆丰富、多元。发展图书馆志愿服务活动是图书馆开放的标志，而经济欠发达地区要提升民众素养，比发达地区更需要高效、专业、细致地满足读者的需求。除了提高图书馆工作人员的素质外，研究志愿者服务长效培育机制，充分发挥志愿者的作用，加入省级公共图书馆服务团队，对图书馆管理和服务而言，无疑事半功倍，效果更好。

1.1 提供社会实践平台

公共图书馆作为群众文化的主阵地，发挥校外教育和第二课堂的重要职能，给在校的中小学生提供一个安全、健康、文明的社会实践基地，培养广大青少年的公共服务意识、增强社会责任感。在服务他人的过程中不但丰富生活体验、扩大生活圈子，还锻炼了未成年人独立思考解决问题、团队协作社交能力等综合素养。

1.2 缓解人力不足压力

自 2011 年国家财政部、文化部共同出台《关于推进全国美术馆公共图书馆文化馆（站）免费开放工作的意见》后，各图书馆采取无门槛、全方位、全天候、多方法、多手段尽力满足人们的娱乐文化需求[2]。如贵州省图书馆就免费办理借书卡，不分节假日全天开放，各类阅读推广活动更是贯穿全年。开展义务小馆员活动为公共图书馆在一定程度上有效缓解了业务繁忙、人力资源不足的问题。志愿者也具有传播功能，缓解图书馆馆员不足的同时还可以提升图书馆的形象，反映图书馆的综合品质，是文明社会的体现。

1.3 创设双向沟通渠道

孩子们因其年龄特征、认知局限甚至是父母的不良表率可能会有大声喧哗、随手乱放书刊、乱扔果皮纸屑等不文明表现，而这些都不是一两次口头教育可以扭转的习惯。开展小志愿者活动能让孩子在实际服务工作中直观了解图书馆工作内容，对馆员们辛苦的劳动更能产生同理心，改变不良习惯。与此同时，未成年人还能及时发现图书馆存在的问题，将其他小读者的需求反馈给馆员，以助图书馆改进、完善服务。因此，开展此项活动是搭建了图书馆与读者之间双向沟通的桥梁，这样的纽带是不可或缺的。我国公共图书馆引入志愿者管理机制，解决了自身存在的问题，又为志愿者提供了服务平台，实现图书馆和志愿者之间的"双赢"。

1.4 提高社会认知度

借助近几年如火如荼的小志愿者活动，图书馆可以向公众展示更细致、更人性化和个性化的服务，一个孩子带动一个家庭，开展志愿服务本身也是种宣传，不但吸引了公众的参与，也拓展和延伸了公共图书馆的功能，提高了各界对图书馆的社会认知度。

2. 欠发达地区公共图书馆志愿者服务存在的不足

2.1 制度不健全、管理不统一

目前大多数公共图书馆都未设立专门的志愿者管理机构。在图书馆开展活动时往往临时招募志愿者，花费人力、物力和时间，没有专职老师或组织监管，工作马虎不认真、迟到早退，甚至招来投诉或与读者起冲突。且志愿者未得到足够重视、培训和成就感建设，尤其小志愿者们自我约束能力较差，久而久之就更不愿意来了。我国还没有专门针对志愿者或志愿服务的国家法律或部门法规，省一级的地方性法规仅有广东、山东等省份通过的有关青年志愿服务的条例，经济较不发达的地区就更谈不上制度的建立。因此，大部分公共图书馆的志愿者服务操作不规范、随意性强，最终导致图书馆难以吸引和留住志愿者，特别是高素质的志愿者，志愿者服务也就难以深入开展下去。

2.2 人员素质参差不齐，工作效果差强人意

由于公共图书馆招募来的志愿者是来自各行各业，专业水平、知识技能等参差不齐，即使他们所服务的岗位任务简单，也经过了简单的培训，但是由于他们对图书馆这个领域比较陌生，这就造成了对工作的认识程度不一的局面，导致服务效果不尽如人意。而未成年志愿者更是大多在家养尊处优、缺乏服务他人的意识和积极性，加之父母功利的仅仅是为了完成学校布置的假期社会实践任务，没有踏实地潜心学习图书馆相关业务知识，提升服务技能和综合素养，因此服务效果差强人意。

2.3 培训工作不到位，岗位设置单调

岗前培训在各行各业都是必不可少的工作，但是许多公共图书馆志愿者的培训工作主要是针对某一岗位的培训，很少有综合系统的培训，且基本无专项经费支持开展未成年人志愿者服务工作，馆领导对馆员额外的培训工作也无一定激励机制，即使开展了一定的集中培训，也不能让馆员积极主动地在后期志愿者指导工作中长效坚持。如此恶性循环，无法让志愿者全面、深入地了解图书馆具体的服务范围与技能，更无法提高志愿者的素质以及工作能力。

2.4 志愿服务活动以形式化为主，针对性不强

受到传统思维及习惯影响，志愿服务较多注重活动的形式化。声势浩大却缺乏整体效益，存有明显的形式主义的倾向，服务缺乏专业化、深入化和细致化，此外，公共图书馆对志愿者的岗位设置往往是从图书馆浅层次需求出发，志愿者们被安排的大多数工作仅限于读者服务方面。主要是阅览室的图书整理、书库排架、上架、打扫卫生、外借服务、读者办证咨询、文明巡视等相对简单、机械的工作内容，忽略了志愿者的个人能力锻炼和发展需要，导致志愿者不能充分发挥自身的优势和特长，这会造成人才浪费，也会影响志愿者的工作热情，从而影响其服务效果[3]。

3. 欠发达地区公共图书馆未成年人志愿者培育和管理模式探索

3.1 策划、宣传、招募阶段

"凡事预则立，不预则废"，开展志愿者活动前有必要依照活动意图、活动方式、活动流程、活动经费预算等严密准备，尤其涉及未成年人的活动更需未雨绸缪。在策划书中从细从严地做好招募方式、宣传途径、岗位设置、职责要求、服务周期等要素的规划，并在

招募前制作好宣传海报、志愿者报名表、志愿者证等相关资料。此外，活动策划的协作执行才是要害，因此，活动之初领导者应做好馆员间的分工协作安排。

招募方式可采用传统的纸质海报或易拉宝置于图书馆或合作招募的中小学显眼处，同时利用教育局发文、阅读推广活动的现场、当地媒体、门户网站、QQ读者群和微信公众号、周边合作学校等形式广泛发布招募信息，当然老志愿者口口相传或在朋友圈等自媒体发布消息的方式也较有辐射效应。对于欠发达地区的公共图书馆来说，在民众对志愿服务认知还达不到一定高度前，更有义务在宣传筹备上做足功课，吸引更多未成年人志愿者加入。

同时，经济欠发达地区留守儿童相对较多，如果能将这部分孩子组织起来，让他们感受到志愿者协会这个大家庭温暖、锻炼各方面综合能力的同时，通过读书会、互助学习小组等形式弥补家庭教育的不足。

3.2 培训、实习阶段

招募截止后进入培训环节，为保证小志愿者能提供优质服务，也便于今后的规范化管理，培训工作不可马虎，更不能流于形式，培训方式根据寒暑假和平时周末分为集中培训和分散培训。在培训前制定熟悉工作环境的参观路线（人员）、宣传视频和培训PPT，并确定培训老师，在多次培训后可由老志愿者代为培训，既让馆员得到休息，也让小志愿者们口才和应变能力得到锻炼，增强成就感。

在培训之初可设置破冰游戏，消除陌生感，营造友好融洽的工作氛围，也可在自我介绍环节表达对志愿者工作的认识；培训中除讲解图书分类、上架、整理等业务要求、介绍工作流程（《贵州省图书馆志愿者须知》里有详尽说明）和规则制度（如：《贵州省图书馆志愿者管理条例》）外，还应用故事或历届志愿者活动照片展示等形式树立热心公益服务的理念和精神，并示范如何处理常见问题；培训后期将口述的业务要求落实在实践中，上岗示范后按计划分组在各岗位上实操，每组设有老志愿者带领。同时展示志愿者证（图1为贵州省图书馆志愿者证），让小志愿者对正式加入充满期待，也能对随后严谨对待实习和考核起到促进作用。

图1　志愿者证　　　　图2　志愿者挂牌

实习阶段也需做到规范化管理,有一定时间要求(如我馆为一个月内累计实习时长为10个小时),以观察小志愿者是否有耐心持续完成任务而不是一时兴起。实习全程不但要求佩戴志愿者挂牌(图2为我馆志愿者挂牌)方便老师和读者识别,还需做好实习记录。因未成年人志愿者有来自不同年龄段、不同家庭的学生,工作方式和能力也参差不齐,培训时分发过实习记录模板,除便于学生们及时、规范记录工作时间、岗位、内容、发现的问题和当日闲暇时阅读笔记外,也可方便当值老师给予指导和评级,为后期考核提供依据。

3.3 考核、颁证阶段

实习圆满完成后进入考核阶段,志愿者队伍成立之初由图书馆老师以实操和提问的形式考核,待队伍稳定、成立志愿者协会后由协会小干部们考核。为规范和统一考核范围,制定有志愿者考核提纲,让新人有的放矢地去练习、准备;为避免徇私舞弊,制定有考核评分标准,让协会考核部小考官们有据可循。考核通过后会发放一份志愿者办证须知,上面除提到需准备照片、身份证号等,还会明确告知今后如何规范进行志愿工作、如何登记、年审(每年累计工作时长至少30个小时、综合评分60以上及年阅读量至少30本书的读书笔记完成后方可年审,审核通过后志愿者证上加盖"已注册"字样的公章)。随后在假期尾声的总结表彰会上统一颁证,营造庄重的仪式感,让未成年人体会到成为志愿者的这份荣耀。(详细表格见图3—图5)

图3 志愿者证首页

志 愿 服 务 记 录

序号	时间	地点	服务内容	服务时数	证明人
1					
2					
3					
4					
5					
6					
7					
8					
9					
10					
11					
12					
13					
14					
15					

— 2 —

志 愿 服 务 记 录

序号	时间	地点	服务内容	服务时数	证明人
16					
17					
18					
19					
20					
21					
22					
23					
24					
25					
26					
27					
28					
29					
30					

— 3 —

图 4　志愿者证服务记录页

注 册 记 录

注册时间	注册意见

— 12 —

公共图书馆的使命

1. 养成并强化儿童早期的阅读习惯；
2. 支持个人和自学教育以及各级正规教育；
3. 提供个人创造力发展的机会；
4. 激发儿童和青年的想象力和创造力；
5. 加强文化遗产意识，提高艺术鉴赏力，促进科学成就和科技创新；
6. 提供接触各种表演艺术文化展示的机会；
7. 促进不同文化之间的对话，支持文化多样性的发挥；
8. 支持口述传统文化的保存和传播；
9. 保证市民获取各种社区信息；
10. 为地方企业、社团群体提供充足的信息服务
11. 促进信息技术的发展和计算机应用能力的提高；
12. 支持并参与各年龄群体的扫盲活动和计划，在必要时组织发起这样的活动。

图 5　志愿者证注册记录页

4. 结语

图书馆志愿者是公共图书馆可借助的重要资源与宝贵财富，具有不可取代的积极作用，如何用好、维护好这一宝贵资源，是图书馆人值得深思的问题。贵州省图书馆少儿部在多年实践基础上粗浅探索出的这一套专门针对未成年人志愿者设置的招募、综合培训、考核和长效培育相结合的可持续发展管理模式，望能为拟开展未成年人或成年志愿者服务的其他公共图书馆在管理和运行机制方面起到一定的借鉴作用。对于贵州省地州市公共图书馆或援建、共建的留守儿童居多的新布客书屋，这套流程、制度和资料同样适用，简单培训管理老师后便可操作，循此可尝试逐步将志愿者队伍发展壮大。

除以上多年一线工作摸索出的模式外，还应在日常管理机制、刺激与评估机制、反馈机制和教育机制等方面多加研究、尝试、精进，同时对志愿者活动的组织和管理者也探索出行之有效的激励机制和素质提升，尤其在经济欠发达的公共图书馆，如何解决志愿者活动专项经费不足、志愿者来源不稳定、日常管理不严谨、激励方式不系统、反馈渠道不畅通等问题。在总结存在问题的基础上，构建出符合公共图书馆可持续发展的未成年人志愿者管理机制，真正促进公共图书馆未成年人志愿者培育管理能够稳定、持续、健康发展，使公共图书馆的未成年人志愿者管理机制更加科学化、教育化、人性化、专业化，符合现代公共图书馆的发展需求[4]。

参考文献：

［1］刘红.公共图书馆未成年人志愿者管理机制研究［J］.图书馆工作与研究，2004（10）.

［2］彭晓梅.浅谈少儿图书馆小志愿者服务工作［J］.科技创业家，2014（5）.

［3］汪海波，胡昌平.近年来我国图书馆志愿者研究综述［J］.图书馆，2012（2）.

［4］刘伟.北京公共图书馆志愿者管理长效机制构建与对策研究［D］.西南大学，2010.

公共图书馆文化志愿者服务的心理探究
——以贵州省图书馆文化志愿者为例

王 骏 （贵州省图书馆，贵州 贵阳 550004）

摘 要： 本文通过文献分析、问卷调查和访谈的方式，结合笔者自身工作经历，从志愿服务心理方面，对贵州省图书馆文化志愿者参与志愿服务的认知、动机等方面进行探究，探讨经济欠发达地区公共图书馆文化志愿服务的长效机制。

关键词： 公共图书馆；志愿服务；心理学；认知需求

1. 导言

1.1 研究背景

志愿者是公共图书馆可利用的重要资源，是公共文化服务建设的有效支持。近些年来在党中央和各级行政部门的重视和支持下，我国的志愿者及志愿服务取得了长足的进步。随着社会需求的不断增加，志愿服务组织的数量和种类也在不断增加，志愿服务范围更是不断的扩展，文化志愿服务作为其中一个重要的分支，在经济高速发展的当下，变得更加重要。文化志愿者参与公共图书馆志愿服务活动，不但可以缓解公共图书馆人力资源不足的压力，还可以增加公共图书馆的服务内容，扩大服务面。

贵州省位于中国西南部山区，特殊的生态环境和地理位置导致经济发展一直滞后于其他省市，尽管拥有其自身特有的文化资源，但总体来说文化发展还是相对滞后。贵州省公共图书馆文化志愿服务起步相对较晚，相关研究少，社会认可度低，志愿者尤其是文化志愿者参与图书馆公益事业积极性较高但持续参与率低，省内很多县级公共图书馆相关工作目前还处于待起步阶段。

1.2 研究意义

我省公共图书馆志愿服务起步不久，社会民众参与社会公益事业的志愿服务意识相对淡薄，阻碍了志愿者服务的进一步开展。另外，在志愿服务工作中，还存在志愿者人员难以招募、流失状况比较严重、志愿服务质量有待提高等情况。本文通过对贵州省图书馆文化志愿者服务现状心理方面的研究，从理论上进一步探究公共图书馆志愿服务心理研究的相关内容，对公共图书馆文化志愿者的招募、管理等实际工作具有一定的实践参考价值，有助于公共图书馆文化志愿服务长效机制的建立。

1.3 研究方法

通过文献研究法对心理学与志愿者活动文献资料进行研究；采用问卷调查法，设计调查问卷，向贵州省图书馆文化志愿者发起网络调查；还采用访谈法对文化志愿者、图书馆员及读者进行访谈，结合自己在日常工作中关于志愿服务的观察与实践进行分析、综合、比较、归纳。本文中志愿服务主要指公共图书馆文化志愿服务。

2. 研究结果

2.1 基本情况

贵州省图书馆文化志愿者调查问卷共回收 133 份有效问卷。在参与者性别方面，男性志愿者为 51 人，占 38.35%；女性志愿者为 82 人，占 61.65%。女性志愿者比男性志愿者多将近一倍。

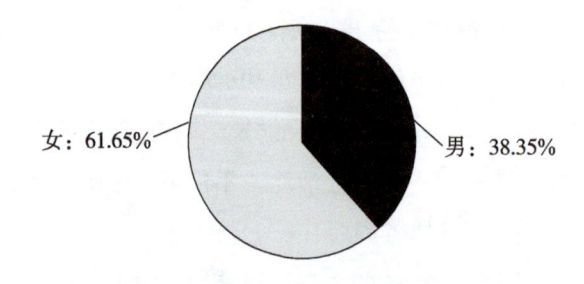

图 1　志愿者性别占比

参与者年龄方面，18 周岁以下的志愿者为 1 人，占 0.75%；18~35 周岁的志愿者 100 人，占 75.19%；36~54 周岁的志愿者 30 人，占 22.56%；55 周岁及以上的志愿者 2 人，占 1.5%。

从年龄占比看，志愿者更多是青壮年，从生理上来说，这个年龄段的身体已经发育成熟，各项生理机能都处于一生中最好的阶段，志愿者精力充沛；从心理上来说，这个年龄段是心理成长的高峰期，乐于接受新事物，敢于挑战，渴望认同。同时，未成家的志愿者也有更多的时间来参与到志愿服务当中。

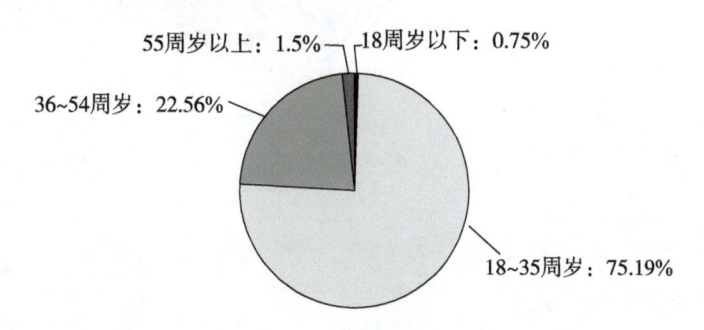

图2 志愿者年龄占比

志愿者受教育程度方面，高中、中专及以下文化程度的志愿者4人，占3.01%；大学专科文化程度的志愿者60人，占45.11%；大学本科文化程度的志愿者58人，占43.61%；硕士研究生志愿者11人，占8.27%，没有博士研究生参与志愿活动。受教育程度的高低与是否参与图书馆文化志愿服务不成直线比例，参与者受教育程度集中在大学专科和大学本科。

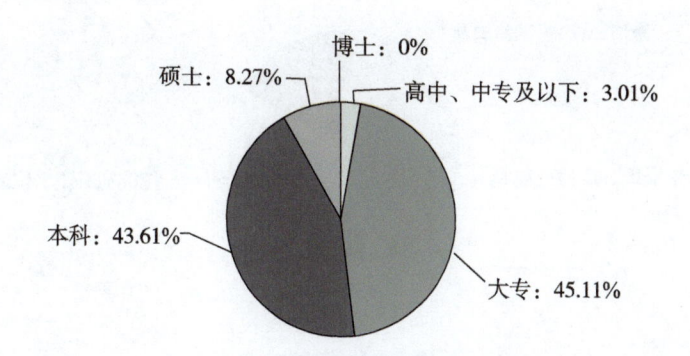

图3 志愿者受教育程度占比

志愿者职业方面，在校学生67人，占50.38%；企业员工11人，占8.27%；国家机关、事业单位工作人员21人，占15.79%；教师等专业技术人员17人，占12.78%；退休人员1人，占0.75%；自由职业者16人，占12.03%。在校学生占到一半比例，在职人员的占到剩下的比例的大部分，退休人员和自由职业者相对较少。

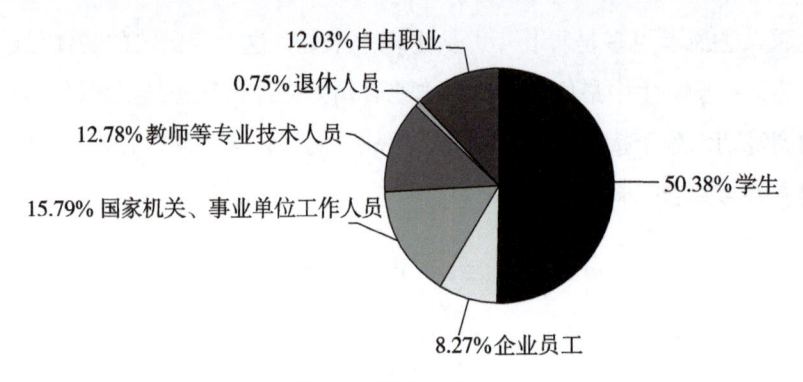

图 4　志愿者职业占比

2.2 志愿者的认知

2.2.1 志愿者了解志愿服务的渠道

在志愿者获知志愿服务信息的渠道上，通过"微信、微博、QQ等网络自媒体"获取信息的 74 人，占 55.64%；通过"身边的人"获取的 72 人，占 54.14%；通过"工作单位或学校"获取的 69 人，占 51.88%；通过"图书馆网站、海报、宣传栏"获取的 47 人，占 35.34%；通过"报纸、广播或电视"获取的 20 人，占 15.04%。超过半数的人获取志愿服务信息是通过自身的周边环境，极少数人获取志愿服务信息是通过覆盖面最广的传统媒体。

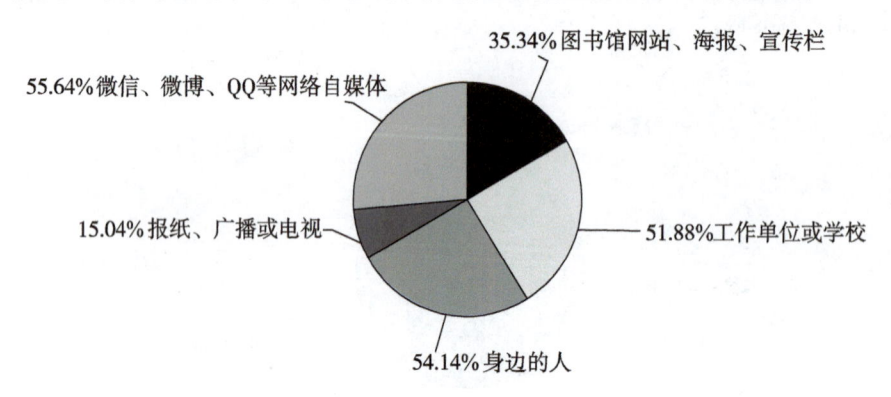

图 5　志愿服务的获知渠道占比

2.2.2 志愿者对志愿服务对象的认知

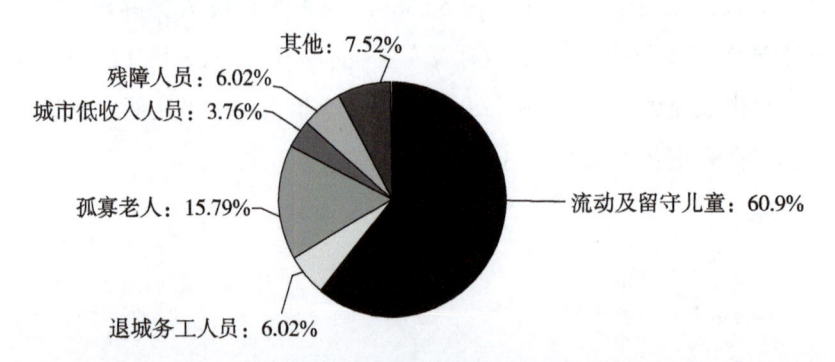

图 6　志愿服务对象的认知占比

在选择志愿服务对象的认知上，81人选择"流动及留守儿童"，占60.9%；21人选择"孤寡老人"，占15.79%；5人选择"城市低收入人员"，占3.76%；选择"进城务工人员"和"残障人士"都有8人，各占6.02%；选择"其他"的有10人，占7.52%。大多数人选择"流动及留守儿童"和"孤寡老人"，因为这两个群体就在他们身边，感受得到实体并对其有一定了解。

2.3 志愿者的动机

2.3.1 需求理论

需求理论的思想来源于人本主义心理学派的主要观点，代表是马斯洛动机理论，其核心是需要层次理论[1]。在促使志愿者参与志愿服务的因素中，选择"尽公民的责任，参与改善社会问题"的有57人，占42.86%；选择"帮助有需要的人，回应社会需要"的有85人，占63.91%；选择"学校或单位要求"的有21人，占15.79%；选择"丰富经验，自我成长"的有87人，占65.41%；选择"希望发挥自己所长"的有63人，占47.37%；选择"体现自己的存在价值"的有56人，占42.11%；选择"学习新技能，培养组织及领导能力"的有55人，占41.35%；选择"扩宽社交圈子"的有50人，占37.59%；选择"为以后的工作做准备"的有29人，占21.8%；选择"出于对文化志愿服务的好奇"的有17人，占12.78%；选择"认同活动的价值理念"的有61人，占45.86%。

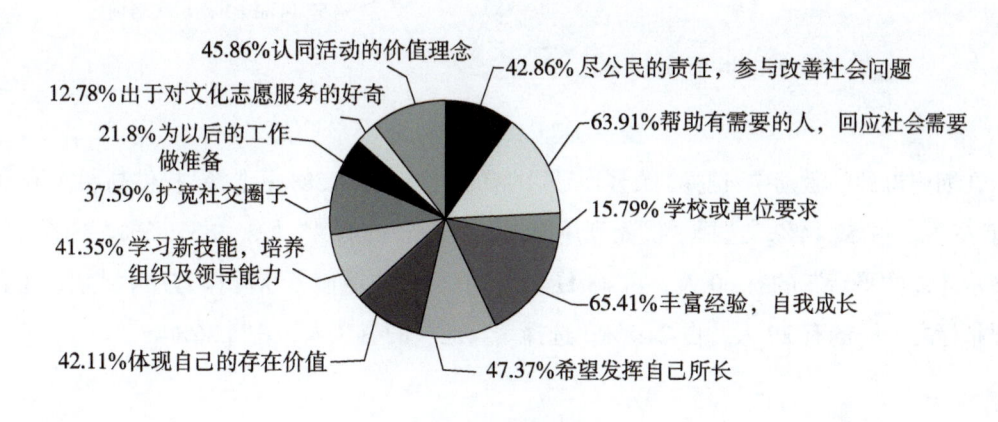

图7 参与志愿服务的因素占比

2.3.2 诱因理论

诱因理论是需求理论的补充，强调外在因素对行为动机的影响，心理学家认为不能用需求这一内驱力引发动机解释所有的行为，诱因是指能够激起有机体的定向行为，并能满足某种需要的外部条件或刺激物。在期望得到的权利中，选择"获得文化志愿者相关教育和培训"的有106人，占79.7%；选择"要求提供文化志愿服务活动证明"的有66人，占49.62%；选择"享受招工、招生部门的优先录用、录取的权利"的有37人，占

27.82%；选择"遇到困难优先得到志愿服务帮助"的有53人，占39.85%；选择"要求提供人身保险权利"的有42人，占31.58%；选择"签订服务协议"的有23人，占17.29%，选择"获得一定的补助"的有21人，占15.79%；选择"无所谓"的有10人，占7.52%。

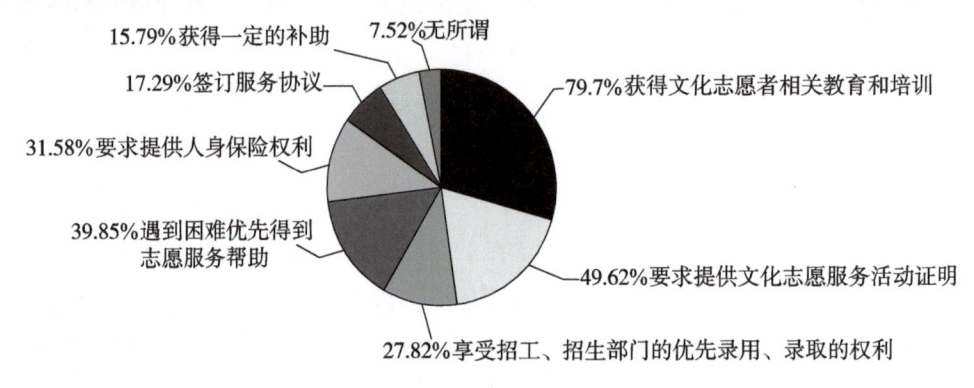

图8 期望得到的权利占比

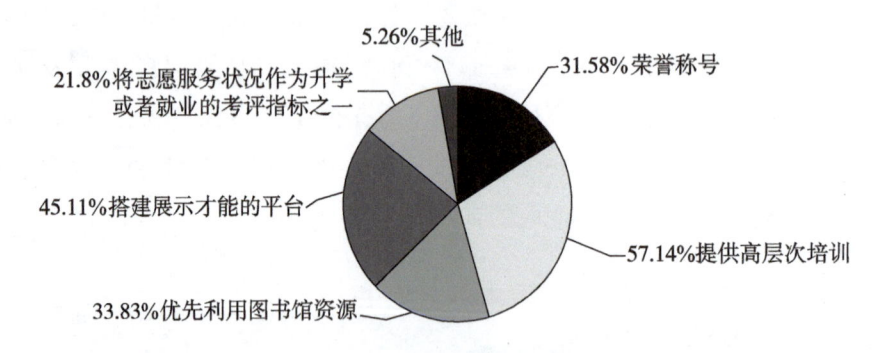

图9 期望得到的激励占比

在期望得到的激励中，选择"荣誉称号"的有42人，占31.58%；选择"提供高层次培训"的有76人，占57.14%；选择"优先利用图书馆资源"的有45人，占33.83%，选择"搭建展示才能的平台"的有60人，占45.11%；选择"将志愿服务状况作为升学或者就业的考评指标之一"的有29人，占21.8%；选择"其他"的有7人，占5.26%。

3. 结论

3.1 对图书馆志愿服务的认知受社会环境的影响

贵州省地处经济欠发达地区。省内图书馆志愿服务的宣传主要依托自身网站和参与者的自媒体发布，因为社会关注度低和志愿者的流失以及传播范围有限，社会对志愿服务认知程度低，志愿者参与志愿服务得不到期望的社会认同，对其参与志愿服务的意愿产生消极影响。环境因素在很多时候会影响到个体行为的发展方向，当个体判断出实现与环境因素相悖的某些需求的满足感小于顺应环境因素放弃某些需求的失落感，个体行为的发展方向就会被环境因素影响。

同时，社会环境也影响志愿者对志愿服务对象的认知，近年来社会对留守和流动儿童的关注多过其他弱势群体，贵州省图书馆文化志愿者接触了解相对较多的就是留守和流动儿童，所以选择留守和流动儿童作为志愿服务对象的就比较多。值得一提的是，志愿者确定某类群体为志愿服务对象时，自我意愿会对为这类群体提供志愿服务产生强烈的需求，如果服务对象发生改变，就会认为不被尊重和理解，以消极态度面对志愿服务。

3.2 志愿者对图书馆志愿服务认知程度较高

贵州省图书馆通过开展志愿服务岗前培训和志愿服务活动实践使文化志愿者对参与图书馆志愿服务有了更多的了解和认识，对自身参与志愿服务的动机有比较清晰的认识，能结合自身实际参与到图书馆志愿服务中。

3.3 生理需求的满足是成为志愿者的基础物质条件

在贵州省公共图书馆现有的文化志愿者中，不管是大学生还是社会人士，都有一个共同的物质特征——能吃饱穿暖，居有定所。在马斯洛需求理论中，这是最低层次的生理需求，它基本得到了满足后，人们才会有下一个层次的需求，这个需求的满足代表了成为志愿者最基础的物质条件。在贵州省图书馆志愿者团队的发展过程中，很多流失的志愿者不是因为志愿服务理念的变化而离开，而是因为大学毕业找工作或工作变动而离开。

3.4 自身需求是图书馆志愿服务的内在动机

在需求层次理论中，低层次需要获得相对满足以后，才能发展到下一个的需要。文化志愿者提供志愿服务是属于自身较高层次的需求，他们对自身的需求有一定的认识，在关于志愿服务动机的选择上有明确的自我意识。在校学生处于离开惯常居住环境、半接触社会的状态，对归属、沟通、学习、自我补充和自我扩大的需要，他们选择"丰富经验，自我成长"居多。国家机关、事业单位工作人员和专业技术人员等由于交际、自尊和他尊、自我实现的需要选择"帮助有需要的人，回应社会需要"居多。由于志愿者是有明确的需求参与到志愿服务活动中，基于对需求得到满足的美好愿望，在初始阶段普遍都充满干劲。

3.5 外部激励是持续图书馆志愿服务的重要支撑

诱因理论中，认为诱因可以激发内在需要，还可以保持激励行为，即是说本来没有志愿服务的动机，但是图书馆提供的激励内容中有吸引其参与的内容，继而激发了成为志愿者、参与到志愿服务活动中的动机。如东莞市图书馆把"将志愿服务状况作为升学或者就业的考评指标之一"作为对志愿者的激励，吸引了大量的志愿者加入到志愿服务当中。有学者认为，为刺激志愿服务而进行的回报性刺激，无论是物质的还是精神的，作为一种外在激励因素，都可能削弱志愿精神的内在驱动力，造成对志愿精神的损害与偏离[2]。但以当前贵州省志愿服务实际情况而论，外部激励在很长一段时间内都是维持志愿者开展志愿服务的重要支撑。

3.6 志愿精神和利己动机的关系

部分学者认为，志愿服务是一种单纯的利他行为，基于自身需求参与志愿服务的动机是不纯的，是有悖于志愿精神的。笔者个人认为对于利己动机要有比较理性的认知。有研究者指出，自我牺牲、无私奉献并不是志愿精神唯一的内涵，相反，在"利他"的同时实现"利己"才是现实选择[3]。"从无私奉献到损人利己，中间很多层次，至少包括单纯利己，为己利他，无私利他三个层次，从这三个层次都可以产生对志愿服务的激励作用，但其激励动力却很不同：单纯利己是根基，产生的激励动力最大，为己利他是核心，无私利他产生的激励动力最小，这种激励只能覆盖极少数人群"[4]。

4. 结语

本文主要通过问卷调查法对贵州省图书馆文化志愿者的志愿服务心理进行了分析，阐述了文化志愿者对文化志愿服务的认知以及参加文化志愿服务动机等相关问题。根据调查结果以及公共图书馆文化志愿者容易流失的现状，笔者认为，一方面公共图书馆应利用自身优势整合社会资源，加强文化志愿者的宣传力度，营造出良好的志愿服务氛围，让更多的民众加入到公共图书馆文化志愿服务队伍中来；另一方面，在公共图书馆志愿服务中，图书馆作为组织管理者应该规范管理，准确定位志愿者工作，根据每名志愿者自身的不同特点和实际需求，安排和选择不同的志愿服务岗位和工作，尽量做到人尽其用。同时还应总结出一套适合本地区的志愿者招募、注册、管理及激励制度，形成有章可循的志愿者队伍管理；最后，公共图书馆还应注重文化志愿服务品牌的树立，扩大品牌影响力以及凝聚力。依托品牌，结合本馆服务理念，创建本馆志愿服务文化，推动志愿团队良性发展，加强志愿者对志愿团队的归属感和荣誉感。

参考文献：

[1]（美）马斯洛著；许金声等译. 动机与人格（第3版）[M]. 北京：中国人民

大学出版社，2012

［2］王小波.关于志愿精神不同维度的思考［J］.南方论丛，2016（1）.

［3］刘俊彦.中国青年志愿者行动机制建设研究报告［J］.中国青年研究，2010（1）.

［4］孙宝云，孙广厦.志愿行为的主体、动机和发生机制［J］.探索，2007（6）.

阅读推广志愿服务视角下的儿童阅读心理

李艾莲 （贵州省图书馆，贵州 贵阳 550004）

摘　要： 儿童阅读推广志愿服务工作是公共图书馆阅读推广中的重要内容，少年儿童时期是儿童独立性和依赖性、自觉性和幼稚性相互交错的时期，儿童阅读推广志愿服务应符合少年儿童的心理特点和阅读心理特点。儿童阅读推广志愿服务者了解少年儿童的阅读特点和心理，才能更好地引导少年儿童的阅读，培养他们良好的阅读能力和自主阅读的习惯，通过各种生动有趣的方法引导儿童对阅读产生兴趣，以科学的方法来引导他们多读书、读好书、会读书。

关键词： 阅读推广；志愿服务；儿童阅读心理

阅读是一种从书面语言和其他书面符号中获得意义的社会行为、实践活动和心理过程[1]。儿童期是培养阅读兴趣和阅读习惯的最佳年龄期，该年龄段的儿童对知识和行为十分敏感，其记忆力与感知力强，对阅读有十分旺盛的需求[2]。从小培养和加强儿童的阅读能力和阅读习惯是公共图书馆的重要任务。文化志愿服务是志愿服务工作的重要组成部分，公共图书馆是开展文化志愿服务的有利场所，特别是在开展阅读推广服务方面，具有开展阅读推广文化志愿服务的资源优势。各地公共图书馆组织开展了诸如"故事妈妈"志愿服务等形式多样的儿童阅读推广文化志愿服务。儿童期是阅读能力和阅读心理成长变化差异性跨度较大的时期，因此阅读推广文化志愿者要了解儿童的阅读心理，以科学而生动有趣的方法引导孩子们爱上阅读，养成阅读习惯，掌握阅读方法。

1. 阅读推广文化志愿服务应掌握的少年儿童阅读心理

1.1 少年儿童的心理特征

引导少年儿童阅读，首先要根据少年儿童的自身特点，抓住他们的心理特征。在少年儿童时期，是独立性和依赖性、自觉性和幼稚性相互交错的时期，他们活泼好动，富有朝气，表现幼稚但求知欲望强烈，在成长阶段自觉性和自制力差，往往不能持久把注意力集中在一件事上，所以图书馆少儿工作者应该选择适合于他们阅读的图书，激发他们的阅读兴趣，并加入一些互动环节，让少儿有参与感，使之能持续下去。

1.2 各年龄段少年儿童的阅读特点分析

● 0~3岁儿童阅读特点：语言是人与人的一种交流方式，也体现着一个孩子思维发育的阶段性。半岁左右，当孩子能坐起来看世界的时候，孩子就会对身边的事物非常感兴趣，这时的他们处于触觉的敏感期，非常热爱撕书、吃书……因此，这个阶段我们要拿一些布书、洞洞书与他们分享，与他们一起通过触觉来认识图书、亲近图书，激发他们对图书的好奇与热爱，积极认真地跟他们一起共读，让他们把书、把和大人一起"玩书"当成他们生活中的一部分。对孩子们来说，书就是玩具、阅读就是亲子游戏而已。慢慢从2岁开始，孩子的阅读特点又变成了喜欢重复听故事，孩子每天总是喜欢让爸爸妈妈给他们讲昨天的那个故事，同一个故事要持续听上好长一段时间，直到有一天你说上句，他就能说下句，你说错时他就能给你指出来。针对这个阶段的孩子，贵州省图书馆为他们提供了许多有声读物、立体图书和拼图书等。

● 4~6岁儿童阅读特点：孩子从4岁开始专注力持续提高，对书的整体和细节有了认知，在阅读中会发现书中很多细节的问题。这时大人可以在共读图书的时候，提出问题，激发孩子的想象力，让他们积极地去思考，与大人一起分析探讨。这时的孩子对图书的不同偏好也开始凸显，比如女孩子大多更爱看一些公主书，男孩子更爱看一些汽车、恐龙类的图书，这时我们就可以根据孩子的性格与兴趣爱好，给孩子们选择他们喜欢的图书。

● 7~9岁儿童阅读特点：这个年龄段的孩子思维发展水平有很大的飞跃，他们开始喜欢看儿童文学类、儿童科普类的书籍，更加喜欢情节跌宕起伏的文学故事。他们不仅仅喜欢阅读图画书，也开始阅读拼音读物，从读图阶段慢慢过渡到读文的年龄，能主动选择自己喜欢的图书自主阅读。这个时候图书馆就要给孩子们提供更丰富的阅读选择、更温馨安静的阅读环境。

2. 图书馆科学开展阅读推广志愿服务

公共图书馆是组织和开展阅读推广文化志愿服务的重要机构和场所，在策划阅读推广文化志愿活动时，要充分考虑儿童阅读的心理特点，科学策划组织和开展阅读推广文化志愿活动。

2.1 打造符合儿童阅读的文化志愿服务空间

图书馆应该打造适合推广儿童阅读的文化志愿空间，这个空间既能满足文童的阅读需求，又能满足文化志愿者开展活动的需求。贵州省图书馆为低年龄段的孩子们创建了一个新的空间，根据少年儿童喜爱的风格，装修布置了充满童心的绘本馆。绘本馆每一样物品都是图书馆员们花时间和精力为孩子们准备的，里面有许许多多生动有趣的绘本。目的是让每一个孩子都能愿意和大家一起分享、一起讲故事。从 2016 年 1 月 9 日开放以来，绘本馆受到了社会各界的好评。绘本馆在假期时也为孩子们准备了绘本故事会，由布客儿童阅读推广志愿者为孩子们带来精彩的故事，让他们真正爱上阅读。

2.2 推广亲子共读创建志愿阅读家庭

志愿阅读家庭的亲子阅读示范对其他家庭的亲子阅读可以起到很好的示范和影响。亲子阅读，是指少年儿童在家长的陪伴下读书，一个人的阅读能力并不是与生俱来的，需要后天的练习和自我训练，而幼年时期是培养良好阅读兴趣的关键期，通过阅读能及时地了解孩子的心理活动，进行有益的正面引导。同时，家长会在此过程中，发现孩子成长的点点滴滴，由浅入深，让孩子享受到阅读的乐趣，真正地喜欢上阅读，并把这种愉快的经验延伸到未来的成长中。对有良好阅读兴趣的家庭来说，家长经常看书，就会有丰富的知识，能给孩子讲许多有趣的故事，也能解答孩子常提出的问题。家长带孩子来到图书馆，能使孩子从阅读中体会到书籍带给他们的快乐。对于幼小的孩子最好的阅读方式就是和家长共同阅读。例如深圳市少儿图书馆每周一次的"喜阅 365——亲子共读计划"，针对某一主题推荐图书，开展阅读，吸引了很多感兴趣的家长带孩子来馆参加。厦门市少儿图书馆也举办过"故事妈妈秀"亲子阅读大赛，广泛组织家长来观摩，把亲子阅读形象展示在人们面前[3]。

3. 阅读推广文化志愿活动中应注重儿童阅读心理

3.1 阅读推广志愿者培训引入儿童心理模块

公共图书馆在招募阅读推广志愿者时，要对志愿者进行阅读推广及志愿服务知识和技能的培训，这是文化志愿服务专业化、技能化的体现。贵州省图书馆于 2015 年 5 月成立了"中国文化志愿者"贵州省图书馆服务队，2016 年 1 月贵州省图书馆少儿部成立了"新布客儿童阅读推广志愿者"文化志愿服务品牌，同年 5 月，贵州图书馆组建贵州省图书馆—六盘水市图书馆"新布客"儿童阅读推广志愿者团队。这次培训中，特别邀请到有阅读推广及心理学背景的专家志愿者刘航老师对志愿者进行培训。刘航老师是国家高级家庭教育指导师、国家二级心理咨询师、贵阳市妇联特聘专家、贵州省图书馆儿童阅读推广优秀志愿者。在这次活动中刘航老师讲述了《阅读推广如何走进孩子心田》：在儿童阅读推广活动中要注重现场气氛的调节，营造一个活泼、有趣、适合儿童心理特点的开场互动，构建与儿童的互动，增进孩子们的信任感，用积极正确的方式来引导孩子们的好奇心和探索心，让孩子不要有被指责、被冷落的心理感受，在互动中我们要蹲下去和孩子们一起阅读，要让孩子们多发言、成为阅读活动中的主人，培养和保护孩子的探索欲和好奇心。

3.2 阅读推广文化志愿服务活动读物的挑选

儿童期孩子的阅读能力差异性明显，在开展阅读推广文化志愿服务活动时要挑选合适的读物，从季节、中国传统文化节日、国家、国际节日等时间节点考虑，从环保、亲情、情绪、科普、音乐等主题综合选择。图书馆可以根据节庆的时间节点向孩子们推广中国传统节日风俗文化，例如：在春节到来之际，我们就可以推荐孩子们阅读一些关于春节主题的图书，一来在节日到来之际，让孩子们了解节日的来历、习俗；二来让孩子们阅读有关节日的中外少儿读物，结合节日的氛围培养他们对阅读的兴趣及观察生活、享受生活中点点滴滴的能力。有一年过年前的一期绘本故事会活动，文化志愿者朱丹老师就选择了讲解《年除夕的故事》这本有关过年的趣味图书，并在活动中融入了书写福字、挂春联、拜年等互动活动，现场气氛非常活跃，活动让人提前体验到过年的喜悦气氛。相信通过类似的活动小朋友们对故事不仅有深刻的印象，对过年的整个习俗也有了不同的体验与感受。

3.3 阅读推广文化志愿服务活动使用形式多样的阅读推广方法

少年儿童在不同年龄段其阅读特点有很大差异，因此开展阅读推广活动时应根据活动对象的阅读特点来选择阅读推广的方式，具有针对性地选择图书、选择活动形式、选择互动环节，才能起到提高阅读推广的效果。根据儿童的不同年龄阶段，文化志愿者可采用不同的阅读指导方法来引导他们：①教授阅读方法，例如教给少年儿童如何使用好的方法来阅读，如何理解书中的主题思想、重点段落与人物性格，由浅入深，使儿童逐渐养成正确的阅读习惯；②通过课外阅读来丰富阅读的内容，经常带孩子到图书馆，接触多样的课外读物，让他们懂得阅读的快乐；③采取讲故事、读书经验交流的方法。例如贵州省图书馆少儿部在寒暑假期间每星期都有一次志愿者组织的绘本故事会，通过这些活动，让阅读带给孩子们更多的快乐，让他们真正喜欢上阅读。

参考文献：

［1］冷选英. 少年儿童读者的阅读心理［J］. 科技情报开发与经济，2006（24）.

［2］韦祯梅. 心理学、教育学在学前儿童绘本阅读推广中的应用［J］. 桂林师范高等专科学校学报，2018（2）.

［3］陈季. 浅谈公共图书馆在亲子阅读中的角色［J］. 福建图书馆理论与实践，2015（1）.

"工作融入"与组织社会化
——基于 HR 视角的阅读推广志愿者流失原因及队伍维系策略分析

刘雪飞 （贵州交通职业技术学院，贵州 贵阳 550008）

摘 要： 本文将志愿者视为开展公益活动之必备人力资源，对阅读推广志愿者队伍构成进行了类型概括。借用人力资源领域"工作融入"理论工具，分析了核心志愿者与普通志愿者流失原因，并提出志愿者队伍维系的组织社会化策略。

关键词： 工作融入；组织社会化；HR 视角；志愿者流失；志愿者队伍维系策略

"铁打的营盘流水的兵"，是对当前我国各类公益活动志愿者队伍状况的一种恰当描述。志愿者队伍的不稳定成为制约当前我国各类公益慈善组织活动成效的一个显著原因。公益慈善活动在中国开展时间不长，志愿者于大众而言，并未能如发达国家那样成为一个深入人心的惯常行为。如何建设好公益慈善项目的志愿者队伍是有待我们进行长足深入的研究的。

1. 分析前提：人力资源管理视角

社会飞速发展，快进至人力资本时代。企业间围绕着承载有关键技术和核心知识的各类人才的竞争日趋激烈。本文从人力资源管理的视角，将志愿者视为各类公益活动所需的宝贵人力资源。员工离职是人力资源管理领域的研究重点，很多学者就员工离职原因进行了充分的研究，从不同角度阐述了对离职行为的理解，对员工离职的研究重心放在员工主动离职现象上。相应的，在志愿者中鲜有被动流失情况，脱离志愿活动多出于个体的一种主动选择。

在企业中，人力资源管理观念和方式的滞后是造成人员离职率较高的关键性因素。在我国，志愿者队伍建设、人员培训仍处于起步阶段。借用人力资源管理的相关理论来分析志愿者流失及维系，可以使我们在一个更加成熟的框架内来探索问题的原因及可能的应对之策。

所以本文分析的前提是将志愿者视为公益组织的员工[1]，对应的核心员工即核心志愿者，普通员工对应普通志愿者，员工离职对应志愿者流失，员工留职对应志愿者留存。

笔者作为资深志愿者，全程参与贵州省图书馆的阅读推广项目，从事阅读推广志愿服务近6年，和参与项目的志愿者也有广泛联系。结合对该项目志愿服务群体中的23位典型代表的半结构化深度访谈，对该项目志愿者群体的特征进行了归纳，结果如下表所示：

表1 贵州省图书馆志愿者群体特征

类别特征	组织中的作用	类型（来源）	知识技术含量	可替代性	服务稳定性	所处职业生涯阶段	流失率
核心志愿者	核心	成人	高	弱	较强	稳定期	中
普通志愿者	辅助支持	高校社团	较低	强	较弱	（前）确立期	高

从上表可见，按人力资源理论中的核心员工与普通员工的分类贵州省图书馆阅读推广项目志愿者，被划分为核心志愿者和普通志愿者。核心志愿者的主要来源是社会各阶层的成人志愿者，普通志愿者主要来自高校社团。核心志愿者承担技术和知识含量较高的项目核心活动，处于项目中的重要地位；而普通志愿者在项目运营中处于辅助和支持地位，重要性不如核心志愿者。核心志愿者通常有丰富的职业经历，多半处于职业生涯的稳定期；而普通志愿者多处于职业生涯的确立期，甚至是前确立期。相对于普通志愿者，核心志愿者参与志愿服务的稳定性较强，流失率较普通志愿者为低。

2. "工作融入"：志愿者流失原因分析

2.1 "工作融入"理论

"工作融入"（JB, job embeddedness）这一概念由 Mitchell, T.R., B.C.Holtom, T.W.Lee，在他们的首篇论述"工作融入"理论的文章 *Why People Stay: Using Job Embeddedness to Predict Voluntary Turnover* 中提出。该文发表于2001年 Academy of management Journal 第44期。"工作融入"的词根 embed 一词据朗文词典解释为 to put something firmly and deeply into something else, or to be put into something in this way, 社会学意义上的解释为 if ideas, attitudes, or feelings etc are embedded, you believe or feel them very strongly, 使（思想、态度、感情等）扎根于。他们将工作融入形象地比喻为一张网,个体陷入其中而难以自拔,这一概念反映了个体与组织的融入程度:工作融入程度越高,个体离开被融入组织也就越困难。两位作者认为其首创的"工作融入"概念可以更加合理地解释员工离职。

Mitchell T. R.、B. C. Holtom、T. W. Lee 将工作融入细化为三个维度,分别是联结（links）、契合（fit）和代价（sacrifice）。其中联系被定义为个体在工作以及社区中和其他人或团队相互依附的程度;契合是指个体和自己的工作以及社区相匹配的程度;代价是指因个人离职而带来的物质利益和社会心理上的预期收益的丧失。

在 2004 年 Mitchell 和 Lee 等又把工作融入划分为职内融入（on-the-job embeddedness）与职外融入（off-the-job embeddedness）这两个维度。职内与职外的划分又是据其与个体工作环境的关联程度,与工作岗位直接关联的,是为职内,主要是指员工工作的组织机构;职外主要是指与其工作环境非直接关联的,主要是指其生活圈涵盖的社群环境。与原有的联结、契合和代价结合,形成 3×2 的矩阵图,可以更精细解释员工离职及留存。

2.2 以"工作融入"理论分析志愿者流失原因

根据访谈结果,贵州省图书馆阅读推广志愿者工作融入状况如表 2 显示:

表 2 贵州省图书馆志愿者工作融入状况

维度类别	核心志愿者		普通志愿者	
	组织（职内）	社区（职外）	组织（职内）	社区（职外）
联结	强	中	弱	强
契合	高	中	中低	中高
牺牲	中	弱	少	中
综合	高	中低	低	中高

（注:本表中普通志愿者的社区,主要指高校志愿者所处的社团环境及因来源于同一学校而形成的社群一致性。）

从此表可以看出,拥有相应技术和知识的核心志愿者与具体的公益项目职内融入性高,而职外融入性较低[2]。贵州省图书馆中从事过核心阅读推广服务的志愿者,哪怕离开该项目,也多半在异地继续参与相近项目服务。而主要来源于高校社团的普通志愿者,显示出高职外融入性和低职内融入性。因此,当普通志愿者一旦毕业,脱离开原有的高校社团组织,因为与项目的黏着性低而不再参与到公益项目中,也鲜有普通志愿者进阶成为核心志愿者。

3. 组织社会化:志愿者队伍维系策略

影响员工离职的各类因素,它们大致分为三类:个人因素、组织环境因素和外部环境因素,其中对企业来说唯一可以控制的只有组织环境因素。有鉴于此,各类公益组织可以采取多种措施对个人因素和外部环境因素产生一定的影响,来加强志愿者队伍建设,维系志愿者服务的稳定性。

3.1 组织社会化的概念

早在 1895 年,德国社会学家首先用"社会化"一词来表示群体形成的过程,这是社会化的最初含义。此后,心理学家和社会学家对"社会化"进行了不同的界定。概括而言,社会化是指个体获得团体所认同的社会行为从而适应团体生活的过程。

而组织社会化是指员工为了适应所在组织的价值体系、组织目标和行为规范而调整自己态度和行为的学习过程。因此,公益组织可通过某些策略帮助其成员更好地适应组织,减少其不确定性和焦虑情绪,使之表现出组织所期望的态度和行为。

3.2 志愿者队伍的组织社会化维系策略

组织社会化策略是为使个体成功融入组织的过程中所采用的特定方式或方法。

组织社会化首先要明确成员的学习内容和内化内容,才能使成员更好地适应组织。结合国外学者 Chao 和 Taomina 的研究,我们将内容划分为三个维度,分别是:技巧、能力和知识、组织理解、目标和愿景、同事支持和人际关系。根据观测到的核心志愿者和普通志愿者在这些社会化内容方面的现有程度和需求改善愿望,列表汇总如下:

表 3 贵州省图书馆志愿者社会化内容

		技巧、能力、知识	组织理解、目标和愿景	同事支持和人际关系
核心志愿者	现状	☆☆☆☆	☆☆☆	☆☆
	需求度	☆	☆☆	☆☆☆
普通志愿者	现状	☆	☆☆	☆
	需求度	☆☆☆☆	☆☆☆	☆☆☆☆

(注:以五星为最高级别)

处于职业生涯稳定期的核心志愿者，依据其自身的职业背景和多年积淀的技术能力等，较容易在项目运行中处于相对重要的位置。而主动接近项目的成员本身对于组织的项目愿景有一定的认同。就贵州省图书馆阅读推广项目而言，核心志愿者之间的同事支持不明显，人际关系联结性较弱，主要成员多为高校大学生的普通志愿者，正处于职业生涯的确立期甚至是前确立期，在运行项目所需的技巧、能力和知识方面是比较欠缺的，有较强的需求去提升以期获得相应的职业能力，以便为未来踏入职场做好相应准备。而在组织理解、目标和愿景方面，虽有培训，但强度不足。在同事支持和人际关系方面，因为在项目运行中处于辅助支持地位，与来源不同的核心志愿者间明显地横向联系少，所获支持不足。

针对核心志愿者和普通志愿者，可采取不同的组织社会化策略，来加强他们与项目的工作融入程度，强化网状联结，增加成员的服务稳定性。

对核心志愿者，可采取个性化的组织社会化策略。这一群体，社会阅历丰厚，职业能力较强，图书馆应充分尊重其个性，由其主动选择社会化的路径和方式，自主决定其在组织项目中的角色。用好核心志愿者资源，使之发挥出最大效能。

对主要来源于高校社团的普通志愿者，这一群体人数较多，身份较统一，易于通过社团整合和联结，可考虑采取制度化的组织社会化策略，使之接受组织预先设定的角色。集中式的、有一定强度的培训是比较省时省力的方式。

针对两类志愿者都需补足的关于组织理解、目标愿景类内容，则可通过清晰传达对成员的期许，让人们参与解决方案的制订过程，来予以加强。根据组织社会化的交易理论，志愿者参与到志愿服务活动中虽不希冀物质利益，但在精神及其他软性需求上是有明确目标的。志愿组织与志愿者应在一个共同的利益框架内去力争获得双赢（2-win）的结局。志愿者在奉献其时间精力时，也在关注自身精神收益。作为个体，可从服务项目获得什么支持，这是核心志愿者尤其关注的问题，而普通志愿者更聚焦于在个人能力构建上可否有一定的提升；如志愿者组织及项目能更多满足其成员在此方面的需求，将极大促进其成员组织社会化程度。人们往往都会支持自己亲自参与创造出来的东西。志愿者对其服务项目投入越多，关注度就越高，认可程度也就越高，与组织的联结性就越强，融入度相应提升，志愿者队伍稳定性越强，成员也应越不容易流失，而最终形成组织与成员间的良性互动与循环。

此外，可考虑在志愿者群体中设立"导师"制度，由资深核心志愿者带领一组普通志愿者共同运行项目。首先，可以给予核心志愿者更大的责任，其次可提供核心志愿者与普通志愿者之间相互近距离观察的机会，除了可加强志愿者间的联系，核心志愿者良好的示范效应及其对普通志愿者的具体细致的指导及新志愿者在工作过程中的相互配合与支持，可加强其朋辈期许效应，可降低新志愿者对服务项目的不满意感受度和离职倾向。

参考文献：

[1] 赵西萍，刘玲，张长征. 员工离职倾向影响因素的多变量分析[J]. 中国软科学，2003（第3期）.

[2] 凌文辁，方俐洛，符益群. 企业员工离职影响因素及调节因素探讨[J]. 湘潭大学学报（哲学社会科学版），2005（第4期）.

[3] Lee. T.W, Mitchell T.R, An Alternative Approach: the Unfolding Model of Voluntary Employee Turnover[J], Academy of Management Review, 1994, 19（1）.

[4] 王明辉，凌文辁，组织社会化理论及其对人力资源管理的启示[J]. 科技管理研究，2008（第1期）.

公共图书馆特色文化志愿服务品牌构建研究
——以布客书屋儿童阅读推广服务项目为例

周 媛（贵州省图书馆，贵州 贵阳 550004）

摘 要： 贵州图书馆根据贵州省贫困问题突出，留守儿童、流动儿童数量众多的现状，开展"布客书屋儿童阅读推广服务项目"，以图书馆为主体，整合社会资源开展阅读推广工作，倡导文化志愿服务，共建书香社会，主要为流动人口学校、乡村学校以及特殊群体建设少年儿童公益图书室，打造经济欠发达地区公共图书馆特色文化志愿服务品牌。

关键词： 文化志愿服务；儿童阅读推广；留守儿童；布客书屋；服务品牌

1. 项目背景与宗旨

贵州省地处经济欠发达地区，贫困问题十分突出，全省有 50 个国家级贫困县，留守儿童、流动儿童数量众多。在《贵州社会发展报告（2014）》中，据贵州省教育厅提供的数据显示，2013 年贵州省在校中小学生为 658 万人，农村留守儿童约为 240 万人，在校生留守儿童为 98 万人[1]，贵州省公共图书馆少年儿童事业发展水平滞后，全省仅有 2 家独立建制的少年儿童图书馆，从图 1 "贵州省公共图书馆少儿文献藏量与全国平均水平比较图"中可以看到，贵州省公共图书馆少儿文献藏量：独立建制的少儿图书馆、省级公共图书馆、地市级公共图书馆、县市级公共图书馆分别是 0.05 万册、1.70 万册、16.44 万册、40.46 万册，而全国公共图书馆相对应的少儿文献藏量的平均藏量分别为 53.41 万册、20.23 万册、79.01 万册、92.44 万册，贵州省公共图书馆少儿文献藏量远远低于全国的平均水平[2]。

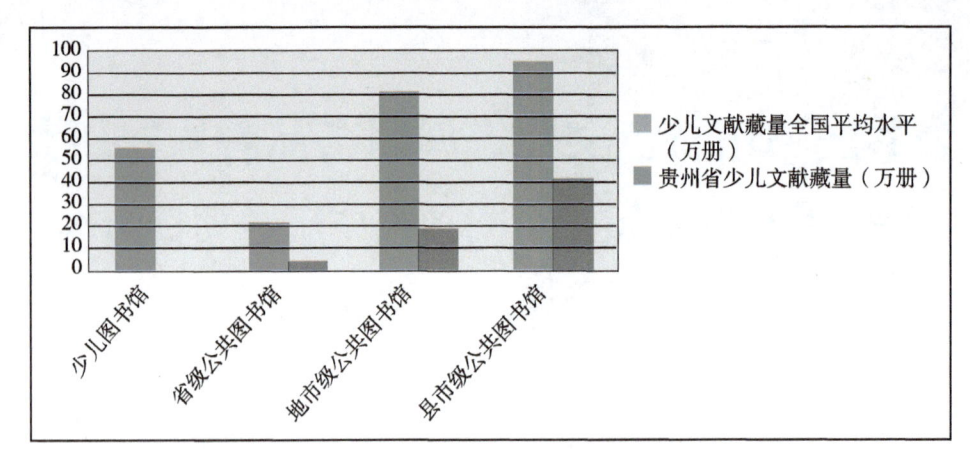

图1 贵州省公共图书馆少儿文献藏量与全国平均水平比较图

（资料来源2014年中国图书馆年鉴）

在对贫困地区小学图书室的调研中发现，以贵州省夜郎镇夜郎小学为例，位于娄山山脉下的国家级贫困县贵州省桐梓县夜郎镇有近100年的历史，夜郎小学学生人数430人，其中留守儿童113人，图书室图书资源陈旧，充斥着数量不少的成人读物，图书数量少，图书质量差，图书类别比较单一，品种少，复本参差不齐，在总量仅有4000余册的图书中，《技术与识字》一个品种竟达166本。针对西部地区公共图书馆少年儿童服务基础薄弱的状况，贵州省图书馆开展了新布客书屋儿童阅读推广项目。此项目是以贵州省图书馆为主体，整合社会资源开展阅读推广工作，倡导文化志愿服务，共建书香社会，主要为流动人口学校、乡村学校以及特殊群体建设的少年儿童公益图书室，是贵州省公共图书馆延伸服务的重要形式，是贵州省图书馆分馆和贵州省图书馆流动点延伸服务的补充，在达不到分馆和流动点建设条件的地方援建，主要服务对象是小学生，重点服务留守儿童、流动儿童，开展儿童阅读推广服务，从2010~2016年已建成25个图书室，并以连锁运营理念塑造品牌。

2. 项目内容

2.1 "布客书屋"内涵

布客是英文BOOK的音译，布客的标志隐含书的英文BOOK的缩写"BK"，"布"有传播的意思，"客"有群体的含义。标志中书的侧面像"B"，看书的小孩像字母"K"，标志于2009年设计，标志突出"至乐读书"和儿童服务的内涵。标志设计为一个小孩坐在书上快乐读书，标志底色为温暖的橙黄色，象征着阅读像阳光一样温暖人的心灵。

2.2 布客书屋形式

布客书屋由贵州省图书馆以连锁书屋的形式统一管理，统一配置图书，对书屋的管理人员进行统一培训，在图书管理、少儿活动开展方面给予专业指导，为书屋的未成年人提供同步参与省馆未成年人阅读推广活动的机会。

布客书屋有社会援建、贵州省图书馆援建、合作援建等多种形式；书屋资源由向社会募集及贵州省图书馆免费开放服务经费等。

布客书屋采用统一的形象识别，室外需有布客书屋标识牌及借阅制度标牌，新布客书屋标识牌色彩为橙红色，内容有编号、布客书屋LOGO，第一援建单位贵州省图书馆以及合作单位名。

2.3 布客书屋申请条件

- 布客书屋合作方可为个人或组织，合作方须免费提供独立、安全、三年内不拆、不迁的阅览场地（10平方米以上）。
- 布客书屋合作方有专人负责图书的借阅和管理工作，确保图书财产的完整性。
- 布客书屋的地理位置能覆盖方圆2.5公里范围。
- 布客书屋合作方能保证书屋每周免费对未成年人开放次数不少于2次，开放时间累计不少于10小时。

2.4 新布客书屋建设流程

- 布客书屋合作方首先提出书面申请。
- 由贵州省图书馆考察合作方的条件，并报省图书馆办公会批准。
- 审核通过后，双方签订"贵州省图书馆布客书屋合作协议"。
- 新布客书屋以《中国儿童分级阅读参考书目》为基本书目，贵州省图书馆根据新布客书屋主要服务的少年儿童的年龄段，确定藏书配置方案，为新布客书屋首次配送图书不少于1 000册。
- 布客书屋藏书由贵州省图书馆负责采购、加工，原则上每种书只采1本。每本书加盖"贵州省图书馆新布客书屋藏书"字样藏书章，并标注：NO.+布客书屋编号+图书编号。对捐赠的期刊只清点数目，不盖章，不标注。
- 布客书屋合作方验收图书后，将收条交回贵州省图书馆。以下是新布客书屋建设情况表。

表1 2016年布客书屋统计表

	书屋名称	授牌时间	主要合作单位及爱心人士	图书册数
1	曙光小学布客书屋	2010-12-21	贵州省青少年发展基金会/唐煌导演工作室/贵阳市义工联盟捐赠新书131册，价值约2600元，彭学礼老人惠赠图书670册	586册图书 700册期刊
2	黔春小学布客书屋			587册图书 800册期刊
3	龙岗春晖学校布客书屋	2011-11-4	共青团贵阳市委/香港乐施会/云岩区教委及众多社会爱心志愿者	1500册图书
4	筑东大兴学校布客书屋			1500册图书
5	华艺学校布客书屋			1500册图书
6	中南社区布客书屋	2011-12-2	中南社区及众多社会爱心志愿者	1000册图书
7	高坡乡完小布客书屋		共青团贵阳市委/越野e族贵州大队/高坡乡政府	1778册图书
8	高坡乡甲定小学布客书屋	2011-12-29	贵阳广播电视台红帆船栏目/西南风图书连锁有限公司/唐煌导演工作室/原咖啡吧/侯蓓及阮本然母女，其中：侯蓓及阮本然母女捐赠金是在"亲子家庭诗歌比赛"中获得的一等奖奖金1000元	800册图书 200册期刊
9	南明区残联布客书屋	2012-5-18	南明区残联	1000册图书
10	金狮恒凯学校布客书屋	2012-12-17	贵阳广播电视台红帆船栏目/贵阳市图书馆/贵阳市云岩区教育局等（2012年中国图书馆年会募集）	660册图书 1500册期刊
11	育才小学布客书屋	2013-3-27	贵州交通职业技术学院/贵阳市云岩区教育局	433册图书 455册期刊
12	贵阳市未来学校布客书屋	2013-5-24	图书馆服务宣传周	321册图书
13	贵阳市照壁小学布客书屋	2013-5-24	图书馆服务宣传周	319册图书
14	遵义市洪江小学布客书屋	2013-6-24	贵州省文化厅"同步小康"工作组	400册图书 400册期刊
15	贵阳市爱心家园自闭症儿童训练中心布客书屋	2014-3-31	贵阳市爱心家园自闭症儿童训练中心	406册图书

续表

	书屋名称	授牌时间	主要合作单位及爱心人士	图书册数
16	贵州省德江县枫香溪镇长征村长征小学布客书屋	2014-5-28	贵州省文化厅"同步小康"驻德江工作队、德江县枫香溪镇人民政府	1000册图书
17	贵阳市成才学校布客书屋"	2014-11-16	云岩区教育局	406册图书 1000册期刊
18	遵义市正安县格林镇兴隆小学布客书屋	2015-5-26	遵义市正安县文广局	400册图书 300期刊
19	贵阳市花溪区青浦社区布客书屋	2015-5-28	花溪区青浦社区	400册图书 300期刊
20	德江县长堡乡新布客书屋	2015-10-17	贵州省文化厅"同步小康"驻德江工作队、德江县长堡镇人民政府	3500册图书 10种棋类益智玩具
21	安顺市图书馆新布客书屋	2016-3-18	安顺市图书馆	3500册图书 10种棋类益智玩具
22	六盘水图书馆新布客书屋	2016-5-5	六盘水市图书馆	3334册图书 10种棋类益智玩具
23	赤水市图书馆新布客书屋	2016-4-20	赤水市图书馆赤水市天台镇人民政府	3500册图书 10种棋类益智玩具
24	桐梓县夜郎镇小学新布客书屋	2016-6-20	桐梓县夜郎镇人民政府	2225册图书 59种棋类益智玩具

3. 项目特色

3.1 以现代连锁运营理念塑造品牌

贵州省图书馆在书屋建设工作基础之上，从2015年开始启动"布客"儿童阅读推广志愿服务品牌塑造工作，制定布客书屋的资源配置原则、申请过程、合作协议等，积极向统一管理、统一标准规范的连锁服务方式发展，开展精准的群体服务。向国家商标局申请注册"新布客"服务标志，目前服务标志的注册工作正处于标志的受理期。品牌定位于儿童阅读推广志愿服务，品牌借鉴企业识别系统CIS（Coporation Identity System）模式打造[3]，其理念识别：用心阅读用爱推广；服务任务：让更多的孩子爱上阅读；服务宗旨：至乐读书·共享阅读；活动识别：通过丰富多样的儿童阅读推广活动，实现儿童、阅读推广志愿者、图书馆人的共同成长；视觉识别：LOGO标志突出"至乐读书"和儿童服务的内涵。该标志已在国家商标局申请注册。

3.2 服务精准定位，与文化扶贫工作相结合

贵州省地处经济欠发达地区，贫困人口多，贫困面广，贫困程度深，留守儿童社会现象突出，从2014年开起，贵州省图书馆将阅读推广工作与文化扶贫工作相结合，与贵州省文化厅"同步小康"工作队和省直机关工委扶贫攻坚"十百千"工程紧密结合，选择贫困山区，针对小学阶段的留守儿童群体开展调研，精准定位，改善项目点儿童阅读状况，开展阅读推广服务，文化扶贫从孩子抓起。

3.3 零复本配置优质阅读资源

针对贵州省贫困地区儿童阅读资源贫乏，且从儿童心理及生理的发育需要出发，纸质资源仍是最佳的阅读资源。从2015年开始，贵州省图书馆从公共图书馆免费开放经费中拨出部分经费，保障新布客书屋的资源建设，以《中国儿童分级阅读参考书目》为基本书目，加入贵州省图书馆少儿部受孩子们喜爱的图书品种，如《淘气包马小跳》《查理九世》等，还有绘本及立体书等优质图书资源，并采用零复本配置图书的方法，尽可能为孩子们提供优秀的多品种的阅读资源。同时配置围棋、象棋、跳棋等多种益智棋类。绘本、立体书等山里孩子们鲜少见到的图书，一经展示，受到孩子们的极大欢迎，吸引了孩子们的眼球，孩子们像过节一样开心。

3.4 整合资源，联合共建

建设改变以前单纯的捐赠方式，通过与当地受赠方联合共建的方式完成，并签署合作协议，让受赠方也参与到书屋的管理中来，如：德江县是国家级贫困县，该小学有680名学生，其中有365名留守儿童，"德江县长堡镇中心完小新布客书屋"由贵州省图书馆、贵州省文化厅"同步小康"驻德江工作队、德江县长堡镇人民政府联合共建，贵州省图书馆负责图书采购、数据加工、指导藏书排架，贵州省文化厅"同步小康"驻德江工作队、德江县长堡镇人民政府负责项目联系与沟通协调并起到督促职能，长堡镇中心完小提供场地及管理人员并负责图书管理及流通服务。

3.5 培训学生义务小馆员，助人自助

因为贫困地区学校的师资有限，图书管理工作由任课老师兼任，人员及精力有限、贵州省图书馆在为学校新布客书屋培训图书管理员的同时，还会培训20名学生义务小馆员，通过整理图书增加与书籍亲近的时间，爱上阅读；协助图书室管理员老师登记借阅图书、整理图书，让受助学校的孩子们也可以有服务他人的机会，特别是通过力所能及的服务可以让留守儿童感受到自我的社会存在感，增进和同伴的沟通与交流，有效改善管理人员不

足的状况，持续有效地管理书屋。书屋建成后成为孩子们服务他人、自我成长的一个平台，这不仅是孩子们的阅读乐园，还是孩子们的精神乐园。

4. 活动成效与影响

4.1 成功打造贵州省图书馆未成年人服务品牌

一个服务品牌，有优质服务的核心价值观和服务特色，外在表现为企业服务体系的个性化名称、标志与符号，内在表现为用户对服务有形部分的感知和服务过程体验的总和。经过6年的努力，新布客书屋儿童阅读推广服务项目有特有的标志，传达"至乐读书·共享阅读"的阅读新理念，聚焦于留守儿童等特殊儿童群体，已具有了上述服务品牌特质，成为贵州省图书馆的未成年人服务品牌。

4.2 有效改善项目点儿童的阅读状况

经过6年的努力，贵州省图书馆在贵阳、遵义、六盘水等地区共建成25个新布客书屋，直接受益人约达10 000名少年儿童，积少成多，聚沙成塔，有效改善了项目点儿童的阅读状况。

4.3 基于布客书屋为平台开展的阅读推广活动项目受到行业表彰

2010~2013年，在贵州省图书馆与香港乐施会合作开展的《贵阳市社区儿童阅读共享项目》中，香港乐施会投入约15万元，支持贵州省图书馆在筑东大兴学校、龙岗春晖学校、华艺学校三所农民工子女学校建设布客书屋。贵州省图书馆招募爱心志愿者，组建专业阅读推广志愿者团队，重点开展针对流动儿童和留守儿童的阅读推广工作志愿者团队，共开展69场阅读推广活动，直接受益人群达3000人。此项目获"2013年社区乡镇阅读推广活动优秀案例征集"最佳案例奖第一名。因工作突出，2016年1月被贵阳市文明办、贵阳市教育局授予"贵阳市青少年阅读推广观摩实践基地"。2016年9月《贵州省图书馆新布客儿童阅读推广服务项目》整合文化志愿服务、儿童阅读推广与精准扶贫工作的服务项目，在"出版界图书馆界全民阅读年会（2016）"获全民阅读案例一等奖。

4.4 发挥省级馆业务指导职能，推广服务

省级公共图书馆是区域的社会公共文化服务中心，同时为全省图书馆事业的发展提供指导。为促进我省儿童阅读推广工作，2016年1月举办主题为"阅读·成长"未成年人公

益文化活动，面向全省公共图书馆开展儿童阅读推广活动示范及新布客儿童阅读推广志愿者培训。2016年5月，贵州省图书馆与贵州六盘水市图书馆合作，在贵州六盘水市图书馆推广此服务项目，建设六盘水市图书馆新布客书屋，联合组建约50人的"贵州省图书馆—六盘水市图书馆新布客儿童阅读推广志愿者团队"，以新布客书屋阅读推广项目为平台，积极开展图书馆儿童服务工作的资源建设、阅读推广等服务。

4.5 项目受社会认同，广受媒体关注宣传

项目从2010年开始，至今已有6年，此间与政府、基金会、学校、媒体、学生社团、志愿者组织等合作，媒体多次给予宣传报道。2012年2月，《贵州日报》以《贵州省图书馆"布客书屋"获良好社会效应》为标题给予报道；2016年4月《图书馆报》刊登了对贵州省图书馆党委副书记韩洪的专访《塑造服务品牌，推动少儿阅读》，宣传我馆服务品牌新布客书屋儿童阅读推广服务项目；2016年6月《贵州都市报》以《贵州省图书馆开展儿童阅读推广活动"布客书屋"已建成25个》为标题报道桐梓县夜郎镇小学新布客书屋，期间还有《贵州都市报》《贵阳晚报》《贵阳电视台》中国图书馆网等多家媒体宣传报道超过30次，项目工作受社会认同，提升了贵州省图书馆在儿童阅读推广服务方面的社会影响力。

参考文献：

［1］王兴骥编.贵州蓝皮书：贵州社会发展报告（2014）［M］.北京：社会科学文献出版社，2014.3.

［2］中国图书馆学会，国家图书馆编.中国图书馆年鉴2014［M］.北京：国家图书馆出版社，2015.01.

［3］段吟颖.基于CIS战略的金融企业客户认知比较研究［J］.湖北社会科学，2016（1）.

文化志愿服务常态化活动与团队建设的思考
——以贵州省图书馆为例

吴 捷 （贵州省图书馆，贵州 贵阳 550004）

摘 要： 近年来，贵州省图书馆与阅读推广志愿者携手，开展的少儿阅读推广活动，取得了一定的成果，但也遇到了不少的问题，我们在总结成果经验的基础上，提出了"搭好平台，建好队伍，做好活动"的文化志愿服务模式。

关键词： 贵州省图书馆；文化志愿者团队；志愿服务管理；少儿阅读推广

1. 引言

2018年"全民阅读"第五次写入政府工作报告，报告明确地指出，要创建一个全民阅读的书香社会。这是我们建设一个强大的物质文明和精神文明的社会主义强国的需要。这样一个系统的、庞大的工程必须要从娃娃抓起。因为，少儿阅读是整个社会阅读的基础。而招募、组建和培训少儿阅读推广志愿者团队又是推动少儿阅读推广的重要一环。

目前，倡导志愿者服务已成为世界各国的发展潮流。我国志愿者活动在政府的大力支持及社会倡导下也得以蓬勃的发展，越来越多的人尤其是年轻人逐渐意识到并真正奉献出自己的时间和精力，投入到志愿者服务中来。志愿者服务得到了社会上越来越多的关注和重视。

近几年来，贵州省图书馆为开展好少儿阅读活动，搭建了一个基础的少儿阅读推广平台，虽然取得了一定的成果，但是，在文化志愿者团队的建设及进行少儿阅读推广方面，仍存在着不少的问题：

● 文化志愿者队伍建设方面存在着招募方式单调、缺少吸引力问题，培训方式不够规范化和制度化。

- 文化志愿者的服务内容相对平淡和单调，对阅读者和志愿者的吸引力不够。
- 在管理方面，从全馆来看，缺乏统一的、强有力的、多方面的管理机制。志愿者，特别是大学生志愿者，流动性较大，志愿者队伍不够稳定。
- 在后勤保障方面，缺乏必要的专项经费来保证活动的正常进行（如一些大型活动的误餐、交通补助、乃至购买人身意外保险等）。
- 在文化志愿者理论研究方面，例如图书馆如何有效的整合社会资源，引导社会力量对公共图书馆的关注与投入，搭建文化志愿者服务平台，促进公共图书馆事业的发展，如何对比东西部地区志愿者服务的情况，如何借鉴国外及发达地区图书馆志愿者服务的经验，这些问题都需要从理论上系统地加以研究、对比，总结出规律性、系统性、理论性的内容来指导文化志愿者服务及少儿阅读推广的深入开展。不从根本上来研究和解决以上问题，并把它提升到理论的高度来加以阐述和研究，少儿阅读推广志愿者团队的提高和少儿阅读推广活动的可持续发展将受到很大的影响。贵州省图书馆在开展少儿阅读推广活动的实践中逐渐探索出一些解决问题的办法，提出了一套可持续推动少儿阅读活动和志愿者团队建设的设想，即"搭好平台，建好队伍，做好活动"。

2. 关于持续促进少儿阅读活动的开展和文化志愿者团队建设的思考

2.1 搭好少儿阅读推广志愿服务平台

根据贵州省图书馆的探索及少儿阅读推广活动开展几年的实践，笔者认为：要以公共图书馆为依托，馆领导要强化对志愿者团队的领导，并拟定一个开展工作的全面计划。因为志愿者是非营利组织极重要的人力资源，志愿者加入到公共图书馆公益事业中来为公共图书馆提供了大量的人力资源，分担了图书馆工作人员的繁重工作，在进行志愿服务中志愿者还根据自身的专业特点带来了不同的专业技术知识，弥补了图书馆工作人员缺乏除图书馆行业以外领域专业技术知识的不足，并且使公共图书馆与社会的联系、沟通更加紧密。因此，公共图书馆加强对志愿者团队的组织和工作的策划，不仅使志愿者得到足够的重视，也是搭建一个良好的公共图书馆少儿阅读公益事业平台的基本保障。

取得社会多方面的支持是搭建好少儿阅读公益事业平台的重要条件。近几年来，我们在开展少儿阅读推广活动中，依靠国家强有力的政策支持，与地方相关单位（如电视台、地方文明办、各级学校、各个媒体单位）都有着良好的合作，推动了少儿阅读活动的广泛开展。这一平台的搭建，使全社会看到了志愿者无私奉献的精神和成果，也让志愿者在从事志愿服务的活动中得到提高和完善，为我们下一步搭建更加广阔的平台、开展更深入的少儿阅读推广活动打下更加广泛而坚实的社会基础。

要在点和面上建立一批少儿阅读推广活动的基地。在2011~2016年的少儿阅读推广活动中，贵州省图书馆在贵阳市乃至贵州省范围内陆续建立了23个新布客书屋，这其中包含了2011~2013年在贵阳市5个社区的农民工子弟学校中建立的新布客书屋并进行少儿阅读推广试点活动，以及在安顺市、六盘水市、德江县等贵州省内多个市县建立新布客书屋，以新布客书屋为基地，在各地进行以绘本为切入点的少儿阅读推广活动，介绍图书馆的相关知识和职能。为了使这些学校的学生能"多读书，读好书"，志愿者还在试点社区及学校开展"一人一个图书馆"的活动。这些活动得到社会各界的普遍好评，并且取得了实际的效果，这些活动的开展为搭建平台和下一步深抓阅读推广活动的开展提供空间和舞台。

要创造一切条件，适当解决资金保障。2011年，贵州省图书馆少儿部采取"走出去，引进来"的办法，与香港乐施会组建合作项目，解决了一段时间的公益阅读推广项目资金不足的问题。这些实践为我们下一步搭建平台、解决资金问题，提供了有益的借鉴。贵州省图书馆早在2009年就已经在少儿阅读服务方面开展了文化志愿者服务，2010年组建了以开展少儿阅读推广工作为主的贵州省图书馆少儿阅读推广志愿者团队。

2015年5月，贵州省图书馆"中国文化志愿者"贵州省图书馆服务队成立，并建立"新布客儿童阅读志愿者团队"以打造我馆儿童阅读推广服务品牌。

2.2 公共图书馆志愿者团队建设与管理

我们组建的志愿者团队分为三个群体：第一个群体，小志愿者团队，是指16岁以下的小朋友，他们是通过："三统一"的方式，即统一招募、统一培训、统一考核，考核通过的志愿者通过民主选举成立了小志愿者协会，通过活动提高了他们参与图书馆公益事业积极性。第二个群体，高校志愿者团队，由高校学生团体直接选派，他们除了有较高的文化水平，其中部分学生已具备一定的文化专业技能，是阅读推广的一支重要力量。第三个群体，专家级志愿者团队，特别是五星级志愿者，这批人服务时间长，在阅读推广活动中影响力大，这批志愿者是通过报名、推荐、在活动中晋升等方式，严格选拔出来的，他们是志愿者团队的骨干。

为了使这些志愿者进得来，稳得住，充分发挥他们的潜力和特长，我们采取了以精神激励为主、适当的物质激励为辅的方法来激励志愿者。

第一，建立长效的志愿者招募和培训机制，提高志愿者的素质。志愿者招募是图书馆管理工作的起点，可以通过报纸、图书馆官方网站、本地论坛、qq群、微信群、目标学校网站、手机短信等多种途径发布信息，进行招募。在培训方面，图书馆必须设计全面的培训课程，并对志愿者工作进行严格、公开、公平、公正的评估和考核，切实保证志愿者队伍的素质与志愿服务质量及专业性。培训的形式应该是丰富多彩的，可以由图书馆资深专业人员进行授课，资深志愿者做志愿服务分享心得，力求课程有吸引力，对志愿者的志愿服务专业技能有一定提高，并能激发其参与服务的热情。

第二，在激励机制上，首先要从法律和政策层面得到国家强有力的支持，提高社会和政府对志愿者工作的认可和肯定，很多先进省市都在这方面做了有益的探索和尝试，如上海市在2004年出台的志愿者激励政策，公务员参与志愿可列入道德范围的考察标准，大学生志愿者可在学业上评优；深圳、南京、成都等市纷纷出台了相关规定，这些制度和政策的颁布和实施都为志愿者团队服务起到了很大的促进作用。其次，要培养全社会的公民意识和公民文化，增强全体公民对志愿者的认同感，让公民社会的自助精神、互助精神、志愿精神和利他精神成为全社会的共识。

第三，建立文化志愿者人才资源信息库，推动文化志愿服务工作的可持续发展。文化志愿者作为公共图书馆在全社会阅读推广中不可或缺的力量和资源，应该被有效开发和持续利用。公共图书馆应建立具有本馆特色的文化志愿者人才资源数据库，对每位审核通过的文化志愿者按详细的信息（如：姓名、年龄、性别、特长、学历、专业等）分别建立人才档案，并在他们做文化志愿服务的进程中根据他们的表现及特点实时补充信息，逐步完善志愿者人才资源信息库，以做到根据不同的岗位需求，把他们安排到不同的岗位去服务，保证志愿者能够人尽其才。

2.3 抓好少儿阅读推广及志愿团队培训工作

2013年，贵州省图书馆少儿部开展了"新布客"绘本故事会活动；从2013年1月份开始，在近三年的时间里，举办了故事会100多场，介绍绘本故事达140多册，参与的志愿者40多人（包含外国人士志愿者）。文化志愿者以绘本讲读的形式，在少儿读者中进行绘本集体阅读推广活动。通过实践证明，这种阅读推广模式能够培养各个年龄段孩子的阅读兴趣，增长孩子们的知识，得到了广大家长读者和小朋友们的认可和欢迎，同时，该活动以绘本阅读为主的推广也使志愿者和家长读者从中受益，很大程度上起到了示范及培训的目的。

此外，为了进一步扩大少儿阅读推广在贵州省范围内的力度以及保证阅读推广活动的可持续发展，贵州省图书馆少儿部于2016年正式组建"新布客"儿童阅读推广志愿者服务团队，并在贵州省内建立新布客书屋，组建并培训以当地少儿阅读推广志愿者为基础的少儿阅读培训及推广模式（如2016年1月在贵阳举行"新布客"儿童阅读推广志愿者团队成立及培训大会；2016年4月在六盘水市举办"新布客"儿童阅读推广志愿者团队业务培训等活动）。该模式不仅能进一步扩大儿童阅读推广的范围，也为少儿阅读推广理论研究提供了丰富的第一手资料。除此之外，在这几年开展的活动的基础上，我们还要根据少年儿童不断增长的需求，分阶段、分门类开发多层次的服务项目，发挥志愿者的特长。公共图书馆的志愿者来自各行各业，他们有各种特长，可以在这个平台上一显身手。公共图书馆可以根据志愿者的知识背景、社会经验、图书馆和读者的需求，开设全新的文化志愿服务项目，逐步形成自身文化志愿特色，既能利用志愿者资源，又能使志愿者充分展现自身优势及特色。服务项目的多样化和高质量既吸引了读者又为志愿者提供了一种寓学习于服务的模式，达到双赢的结果。

3. 结语

平台，是志愿者展现自我才能、服务社会的舞台；培训及激励机制，是充分发挥志愿者的知识和才干，稳定和发展志愿者队伍的手段。阅读活动的开展是二者结合的完美体现。让我们充分发挥"人人为我，我为人人"的公益精神，创建一个全民阅读的书香社会。

参考文献：

［1］王名.非营利组织管理概论［M］.北京：中国人民大学出版社，2002.

［2］吴东民，董西明.非营利组织管理［M］.北京：中国人民大学出版社，2003.

［3］丁元竹.把志愿精神融入社会生活［EB/OL］.（2014-12-018）［2018-06-06］http：//www.cvf.org.cn/show/2769.html.

［4］蔡兴建.文化志愿者队伍的建设与完善［J］.大众文艺，2013（17）.

特色文化志愿服务模式的复制推广探索
——以六盘水市图书馆为例

梅 梅 （六盘水市图书馆，贵州 六盘水 553001）

摘 要： 本文通过对六盘水市图书馆"新布客"儿童阅读推广平台构建及儿童阅读推广的分析，探索儿童阅读推广活动的形式、内容及发展方向，并对已开展的活动进行分析总结，提出发展方向，同时也为其他经济欠发达地区公共图书馆开展阅读推广活动、进一步做好儿童阅读推广工作提供方法及经验。

关键词： 阅读推广；新布客；儿童服务；志愿服务

"开展全民阅读活动""倡导全民阅读""建设书香社会"连续几年出现在政府工作报告中，彰显了国家对全民阅读的重视和对塑造全民的文化自信提出了要求。图书馆是开展阅读推广的重要阵地，书香社会的建设离不开图书馆的努力和贡献。本文通过对六盘水市图书馆"新布客"儿童阅读推广案例的分析，探索了儿童阅读推广活动的形式、内容及发展方向，为进一步做好儿童阅读推广工作提供了方法及经验。

1. 阅读推广政策导向及图书馆工作职责

近年来，政府把文化建议列入国家发展规划。2006年9月13日，《国家"十一五"时期文化发展规划纲要》提出"送书下乡"工程，着手解决农村阅读难问题；2011年10月3日，新闻出版业"十五"时期发展规划把"全民阅读工程"列入新闻出版公共服务项目；2012年2月15日，《国家"十二五"时期文化改革发展规划纲要》把深入开展全民阅读列为重要的文化建设项目；2012年，党的十八大首次将"开展全民阅读活动"列入党的工作报告；2014年，第十二届全国人大首次将"倡导全民阅读"写入政府工作报告；国务院总理李克强在 2018 年的政府工作报告中提出："倡导全民阅读，建设书香社会"。这是继 2014 年政府工作报告中首次提出"倡导全民阅读"后，第二次将全民阅读写入政府工作报告，并在报告中首次提出"建设书香社会"。的确，国民的阅读水平反映出一个民族的综合素质以及精神境界。而公共图书馆作为社会公共文化服务体系的重要组成部分，就成了阅读推广的重要阵地。六盘水市图书馆位于贵州省西部，是经济欠发达地区的市级公共图书馆，在全民阅读的推广活动中，怎样去推动该市的阅读风尚，就成了全民阅读推广工作的重点。

2. 六盘水市图书馆新布客儿童阅读推广平台的构建

2016 年，贵州省图书馆为打造儿童阅读推广服务品牌，于 2016 年 1 月成立"新布客"儿童阅读推广志愿者团队。六盘水市图书馆派 2 名工作人员参加了 2016 年 1 月 8 日至 10 日的新布客志愿者培训活动，正式接触到周媛老师带领的新布客儿童阅读推广志愿者优秀团队。通过范并思老师等优秀阅读推广人的培训，六盘水市图书馆的 2 名工作人员开阔了阅读推广工作的视野，接触到了全新的阅读推广工作方法，积极要求加入到新布客儿童阅读推广的行业中。在贵州省图书馆少儿部老师的帮助和指导下，贵州省图书馆与六盘水市图书馆于 2016 年 5 月 5 日正式签订新布客儿童书屋合作协议，在六盘水市图书馆少儿室建立了贵州省第 23 个新布客儿童书屋，该书屋获省图书馆价值 5 万元的优秀儿童书籍援助，共计 3334 册。并指导六盘水市图书馆组建贵州省图书馆—六盘水市图书馆新布客儿童阅读推广志愿者团队，并对志愿者团队进行了培训。贵州省图书馆—六盘水市图书馆新布客儿童书屋的建立和六盘水市儿童阅读推广团队的成立，标志着六盘水市图书馆儿童阅读推广活动迈上了一个新的台阶，向着多元化、规范化、制度化方向发展，成为新布客儿童阅读推广的重要阵地。

3. 六盘水市图书馆新布客儿童阅读推广活动实例

六盘水市图书馆新布客儿童阅读推广活动平台构建以后，志愿者团队以高昂的热情，投入到新布客儿童阅读推广活动中，在半年之内，就策划组织了 6 次较大型的阅读推广活动（见表 1），取得了良好的社会效果。

表1 六盘水市图书馆新布客儿童阅读推广活动表

活动名称	时间	地点	活动主题	活动形式	活动对象	活动参加人数	活动意义
六盘水市图书馆少儿读者新春音乐会	2016年1月17日	六盘水市钟山区文体广电局多功能厅	书香凉都快乐阅读	诗歌朗诵歌舞表演	少年儿童	228人	精读一本好书,点亮一盏心灯;与经典同行,打好人生底色;与名著为伴,塑造美好心灵;阅读,让自己内心强大。
钟山区时代教育学校参观图书馆暨"新布客"儿童阅读推广活动	2016年1月19日	六盘水市图书馆	让阅读开启孩子的智慧之窗	参观图书馆	少年儿童	30人	认识图书馆,了解图书馆,爱上图书馆
"新布客"我最爱的睡前故事演讲比赛	2016年4月16日	六盘水市图书馆少儿室	我阅读我快乐	孩子自己	幼儿	50人	用优秀故事,启蒙阅读,帮助孩子健康成长
六盘水市图书馆"新布客"少儿诗歌朗诵会	2016年4月23日	六盘水市图书馆少儿室	书香为伴,共同成长	诗歌朗诵	少年儿童	85人	倡导少年儿童多读书,读好书,倘佯知识的海洋,接受文化熏陶,享受快乐阅读塑造完美的人格。
六盘水市图书馆2016年新布客幼儿故事会既送书进校园活动	2016年4月27日	童心童乐幼儿园	书香凉都,快乐阅读	志愿者为孩子们讲故事,为孩子们送书	幼儿	100人	让早期阅读帮助幼儿尽早进入知识的海洋
六盘水图书馆"新布客"读书展演活动	2016年7月25日	六盘水南方电网会议室	书香凉都,快乐阅读。	读书展演有奖征文	少年儿童	340人	点燃读书读书激情,知识让生命飞翔

4. 新布客儿童阅读活动分析与总结

4.1 认真筹备,精心组织

- 积极向上级主管部门汇报,争取上级支持、协调。在活动筹备前期,我馆就将开展活动的目的、意义及要达到的效果等情况积极向市文体广电新闻出版局汇报,得到了局领导的肯定和支持,并争取到了局领导出席活动并致辞。

- 制定专项活动方案。明确活动主题、活动形式、活动意义及目标、活动时间、地点、活动对象及活动流程，成立活动组织机构，明确人员分工及职责，安排活动经费，对现场秩序、卫生等细节进行安排布置，确保活动安全有序进行。

● 积极与各活动协办方沟通、协调，安排好节目编排及彩排、音响设备安装调试等各项准备工作。

● 做好活动所需纪念品、荣誉证书购买、打印及活动横幅、电子背景墙制作、主持人串词撰写、"网络书香"阅读推广宣传视频播放、新布客儿童阅读推广资料准备、现场布置、人员签到、活动图片收集等各项工作。

● 邀请媒体做好宣传报道。邀请六盘水市电视台、六盘水日报等媒体记者对活动进行现场宣传报道，取得了较好的社会效益。

4.2 突出活动主题，做好宣传推广

● 每次活动紧扣"新布客"儿童阅读推广这个主题，与活动现场少儿读者及家长朋友积极开展互动活动，向现场观众传递"我阅读，我快乐""用心播下阅读的种子，用爱托起明天的希望""以书本为友，与大师对话""让读书成为一种习惯"等儿童阅读推广理念。

● 在阅读活动现场滚动播出阅读推广宣传视频，让在场的观众了解图书馆、爱上阅读。

● 在活动现场与少儿读者进行互动，拉近了读者与图书馆的距离。我馆工作人员对少儿读者进行阅读辅导并用"心"播撒阅读的种子、用"爱"托起明天的希望的画面和台上少儿读者"我阅读，我快乐"的欢呼声打动了在场的每一位观众，也使人们印象中的图书馆形象慢慢变得鲜活起来，或许下一秒就有更多的人爱上阅读。

4.3 加强馆际间的交流与合作，助力新布客儿童阅读推广活动的展开

在阅读推广活动中，六盘水市图书馆积极与贵州省图书馆少儿部联系，得到了省馆少儿部大力支持，于2016年5月在六盘水市图书馆挂牌成立新布客儿童书屋，并成功举办了"贵州省图书馆—六盘水市图书馆新布客儿童阅读推广志愿者团队"阅读推广培训活动。参加培训的人员获得了培训结业证书和新布客儿童阅读推广服务者勋章，使我馆儿童阅读推广活动在服务理念、活动内容、活动方式、活动影响力上都更上了一层楼。

4.4 进一步加强馆校合作

新布客儿童阅读推广的目标主体为各年龄阶段的少年群体，公共图书馆与学校之间建立密切的合作关系，将使学校成为新布客儿童阅读推广的最主要阵地。我馆举办的几次阅读推广活动就是和六盘水华栋学校、六盘水时代教育学校、六盘水童心童乐幼儿园、六盘水钟山区蓓蕾学校、六盘水钟山区乐贝儿学校合作完成的，取得了良好的社会效果，获取

了较为成功的合作经验，为进一步搞好阅读推广活动打下了良好的合作基础。

5. 六盘水图书馆新布客儿童阅读推广的方向

5.1 确定本馆新布客儿童阅读推广活动目标

制定阅读推广年度计划、月计划、周计划，探索儿童阅读推广基本模式，使儿童阅读推广活动常规化、常态化、规范化，引导阅读推广活动向纵深发展。

5.2 促进新布客儿童阅读推广活动多元化

根据激发阅读兴趣、培养阅读习惯、提升阅读能力等实施目标，开展丰富多彩的阅读活动，如：故事会、诗歌朗诵会、读书征文、创意坊、书画展、棋类比赛、手工制作、课本剧表演等，引领孩子们走进阅读的世界。

5.3 实施新布客儿童阅读推广活动向乡镇发展

我国农村经济发展相对落后，大多数农村少年儿童因父母外出打工而缺少关爱和教育，成为留守儿童，他们的阅读缺失成为普遍现象。买书难，看书难，公共文化设施缺乏，中小学图书室设备差，管理涣散，形同虚设，有些学校根本没有图书室，家庭阅读氛围缺失。这种状况难以满足农村儿童的阅读需求，因此，公共图书馆应把农村儿童阅读推广作为重要的工作任务。2016年5月31日，根据《六盘水市文体广电新闻出版局"深入生活、扎根人民"主题实践活动工作方案》开展"三区"人才文化工作专项帮扶精准扶贫重点旅游村寨要求和馆领导安排，六盘水市图书馆借阅部一行四人到六枝特区梭戛乡高兴村就农家书屋建设情况及市图书馆如何对其开展精准帮扶进行专题调研，并对当地未成年的阅读情况进行考察。

高兴村位于六枝特区北面，距六枝特区35公里，距乡镇府3.5公里，是我市仅有的几个特色民族传统村落之一。该村共有506户，2178人，苗族人口达99%以上。本村为纯农业村，成年人口占57%，未成年人口占43%，大部分为留守儿童。村内现有小学2所，其中完小一所，在校学生458人，农家书屋的儿童读物为600余册，农家书屋的儿童读物已不能满足孩子们的阅读需求。根据这个现状，六盘水市图书馆积极向省图书馆申请"新布客"儿童书屋项目落户高兴村，以便获得专项资金和图书支持。该项目前获得批准，进入正式实施阶段。六盘水市图书馆将与"新布客书屋"管理人员签订管理协议，制定考核办法，定期进行业务指导，确保项目真正发挥作用。新布客书屋落户高兴村，既能让农村孩子与城里孩子一样享受到优秀儿童读物的熏陶，又能让高兴村这个我市重点打造的旅游村寨增加一道靓丽的文化风景。六盘水市图书馆将利用新布客书屋这个平台，与陇戛逸夫小学合作，开展"阅读伴我成长"读书活动。充分发挥新布客书屋的图书资源优势，把小学老师和小学生请进儿童书屋，让他们每周在儿童书屋上 1~2 次阅读课，既提高了儿童书屋的利用率，又开阔了农村儿童的视野。

5.4 新布客儿童阅读推广活动应加强与政府相关部门的沟通与合作

孩子是中华民族的希望与未来，关爱孩子的成长是全社会的共同职责。我馆将在新布客阅读推广活动中，加强与关心下一代工作委员会、文明办、教委、青少年活动中心等部门合作，引领全社会的力量去关爱少年儿童，让阅读推广成为全社会的共同责任。

参考文献：

[1] 裴永刚. 阅读推广法律政策的现状、问题及建议[J]. 编辑之友，2015（8）.

[2] 杨威娜. 少儿阅读推广活动案例分析——以长春市少儿图书馆品牌讲座为例[J]. 小学时代（教师），2012（12）.

基于阅读推广的图书馆文化志愿者服务模式探究与实践
——以黔南州图书馆文化志愿者服务实践为例

李纪英 （黔南州图书馆，贵州 都匀 558000）

摘 要： 图书馆阅读推广活动对于促进有阅读能力的人加入到阅读行列、实现全民阅读具有重要作用。图书馆文化志愿者的出现极大地缓解了图书馆开展阅读推广活动人力资源不足的压力。本文以黔南布依族苗族自治州图书馆文化志愿服务实践为例，通过对图书馆文化志愿者的服务方式、交流沟通途径、组织管理模式及激励机制创建的探究，对图书馆文化志愿服务模式进行探讨。

关键词： 图书馆；阅读推广；文化志愿者；服务模式

图书馆阅读推广活动是实现图书馆对不能享受常规服务和资料的用户提供特殊服务和资料的有效途径，而图书馆文化志愿者的出现缓解了图书馆人力资源不足的压力，为图书馆阅读推广活动的开展提供了强劲动力。如何建立行之有效的管理体系和激励机制来保障图书馆文化志愿服务能够永葆激情和活力是图书馆面对的课题，也是本文的主要研究内容。

1. 图书馆文化志愿者在图书馆阅读推广事业发展中的地位及其作用

1.1 图书馆文化志愿者的出现为图书馆阅读推广活动的开展提供了强劲动力

阅读推广是指社会组织或个人为推动全民阅读的实现而开展的引导阅读、激励阅读的各项活动的统称。侠义的阅读推广主要指围绕某一主题开展的具体阅读活动，如图书馆组织的读书征文比赛等；广义的阅读推广包括以"阅读"为中心延展的各类文化活动和事业，如"我为盲人说电影"等[1]。

图书馆阅读推广侧重于促使更多读者走进图书馆,利用图书馆汇集的人类文化发展成果来学知识、学技术、学本领,同时学习与人和谐相处,在提高个人文化素质的同时提升思想精神境界。为此,图书馆通过精心策划,采用适当的方式、途径,增强阅读影响力度,开展各种图书馆文化活动。因此,图书馆阅读推广"就是让本地区每一位具有阅读能力的人都加入到阅读行列,让阅读成为人们日常生活中不可或缺的一部分,同时培养市民图书馆之意识,以促进全民综合素质的提高[2]"。要实现本地区每一位具有阅读能力的人都加入到阅读的行列中,需要图书馆对有阅读困难的特殊群体给予关爱,提供特殊服务,采取独特方式开展阅读推广活动。

1994年联合国教科文组织在《公共图书馆宣言》中向全世界发出呼吁:"对任何不能享受常规服务和资料的用户,必须向其提供特殊服务和资料。"由此可见,为特殊群体提供特殊服务,帮助特殊群体均等共享图书馆文化服务,也是图书馆的职责所在。

然而,为特殊群体提供特殊服务,工作量极大,需要大量工作人员、服务人员。图书馆作为公益性文化事业单位,人员编制、财政经费极其有限,图书馆为特殊群体提供特殊服务深感力不从心。显然图书馆面向特殊群体开展阅读推广活动没有社会力量的支持是难以想象的。图书馆文化志愿者的出现,为图书馆阅读推广活动的开展注入了强劲动力,成为图书馆解决人力资源最行之有效的途径。

表1 黔南州图书馆阅读推广活动文化志愿者车队人员名单

驾驶员姓名	志愿者人数	接送盲人人数	备注
韦龙匀	1人	3人	
颜开军	1人	3人	
盛丽	1人	3人	
陈琴	1人	3人	
龙艳	1人	3人	
郭永红	1人	3人	
蒋涛	1人	3人	
金筱敏	1人	3人	
吴怀霞	1人	3人	
潘茂霞	1人	3人	
郭永权	4人		备用

表2 黔南州图书馆平桥小区文化志愿者与服务对象结对帮扶责任表

序号	志愿者姓名	服务对象
1	夏金枝	王建忠
		刘传帮
		蒙明舟
		杨昌明
2	王凯	王强
		罗国辉
		付兴平
		姚小勇
		王长河
3	王国斌父亲	蒙焕波
		刘连春
		王国斌
		宋晓凤

1.2 研究图书馆文化志愿服务模式有助于改进服务方式，促进服务效能

图书馆文化志愿者是指利用自己的时间、技能、资源、善心为社会提供非盈利、非职业化援助，协助图书馆无偿为民众提供公共文化服务的人员[3]。图书馆需要依靠文化志愿者的协助为特殊群体提供特殊服务并帮助推动图书馆阅读推广活动走向持久。但由于图书馆文化志愿者来自四面八方，而且多是利用业余时间、参加图书馆服务活动，较之图书馆工作人员提供的专业服务有较大差别，有其极大的特殊性。因此，研究图书馆文化志愿者的服务特点，探究图书馆文化志愿服务模式，对于提高图书馆文化志愿者服务效能，促进文化志愿服务与图书馆专业服务相互配合形成立体式联动，共同促进全民阅读落实到位具有重要现实意义。本文以黔南州图书馆文化志愿服务实践为例，通过对图书馆文化志愿者的服务方式、交流沟通途径、组织管理模式及激励机制创建的探究，对图书馆文化志愿服务模式进行探讨。

图书馆文化志愿者大致可以分为四类：一是来自各行各业的爱心人士，二是特殊群体家属志愿者，三是来自特殊群体的互助型志愿者，四是来自大学、中学的青年学生。图书馆根据各类文化志愿者的特殊性，探究其服务特点，探索其服务模式，有利于最大限度调动志愿者的积极性和主观能动性。

2. 图书馆文化志愿者服务模式探究

2.1 实行大数据管理，充分发挥志愿者专业知识技能

　　图书馆文化服务志愿者来自各行各业，相当一部分志愿者是本行业的行家里手。对志愿者的专业技术信息实行大数据管理，有助于图书馆在开展阅读推广活动时最大限度发挥志愿者人力资源。例如，黔南州图书馆为了促使特殊教育学校里的特殊学生均等参与"书香黔南"阅读推广活动，策划组织了"特殊学生古诗词朗诵会"。由于聋哑学生只能以手语舞蹈进行诵读，智障学生则是通过歌舞完成诵读。朗诵会的举办需要具有特教技能及善歌舞、懂音响的文化志愿者。图书馆通过志愿者技能数据库查询使相关志愿者得到具体落实。朗诵会在来自特殊教育学校及歌舞团志愿者的大力协助下取得圆满成功，赢得社会各界好评如潮，特殊学生家长看到自己孩子展现出的风采无比激动，向图书馆及文化志愿者表达了由衷的感谢。

图 1　黔南州特殊教育学校智障学生通过歌舞完成古诗诵读

2.2 对特殊群体家属志愿者实行与服务对象拉帮结对的帮扶责任制

　　特殊群体中相当部分是残障人士，他们在参加阅读推广活动过程中，存在着许许多多常人难以想象的困难。残障人士家属志愿者在与残障人士长期共同生活中，对残障人士的生活困难了如指掌，相对于其他文化志愿者，他们对残障人士会有更细致的体贴照顾。残障人士家属志愿者已经完全融入残障人士的现实生活之中，他们与周边其他残障人士平时有一定交往，具有一定的感情基础，可以与之约定为相对固定服务对象，这种约定有利于

提高残障人士的出行安全系数。

黔南州图书馆自 2008 年成立盲人有声读物阅览室以来，每年坚持面向都匀市盲人举办大型阅读推广活动。每次活动举办之前，图书馆盲人阅览室都会联系盲人家属志愿者，确定家属志愿者负责的服务对象，发放帮扶对象责任表，明确家属志愿者的服务内容：出行的接送，表演节目或领奖上、下台的搀扶，以及活动过程中帮助饮水、上卫生间等。八年来，黔南州图书馆举办了包括"黔南州盲人盲文阅读大赛""都匀市盲人文艺才华展示大赛""都匀市盲人猜谜大赛""都匀市盲人盲文写作比赛""都匀市视障人士盲人节诗歌朗诵会"及"都匀地区视障读者按摩专业基础知识抢答赛"等大型的图书馆阅读推广活动。黔南州图书馆为残障人士提供的优质文化服务获得良好社会反响，产生了良好社会效益。2015 年黔南州图书馆被贵州省委、省政府评为"贵州省扶残助残先进集体"。回顾八年来走过的阅读推广活动历程，残障人士家属志愿者为每次活动的举办做出了极大努力，图书馆扶残助残荣誉奖章中凝聚着家属志愿者的心血和汗水，残障人士家属志愿者为弱势群体文化事业发展做出了特殊贡献。

图 2　家属志愿者照顾视障人士上台表演

2.3 对来自特殊群体的特殊志愿者实行专业培训

图书馆文化志愿者中，有相当部分来自特殊群体，虽然他们自身也是受助对象，但他们自强不息,渴望有机会作为志愿者帮助更需要帮助的人。对特殊志愿者要进行专业知识培训,一方面可提高他们的专业服务技能,另一方面可促进特殊志愿者更深入地开展活动,使图书馆阅读推广得到进一步深化。例如,黔南州图书馆组织都匀市肢残人士开展散文朗诵大赛,从获奖者中组织文化志愿者开展"我为盲人读散文""我为盲童说电影"等活动,受到特殊教育学校特殊学生及按摩店盲人朋友的热烈欢迎,在社会上赢得广泛尊重与赞赏,形成了互帮互助的社会新风。

图3 特殊志愿者在黔南州特殊教育学校为特殊学生说电影

2.4 对青年学生志愿者实行上岗培训制

青年学生对特殊群体缺乏了解,尤其对残障人士的特殊需求知之甚少,因此,对首次参加图书馆文化志愿服务活动的青年学生志愿者应进行培训,使其在服务过程中能够在细节上给服务对象更多的帮助。如给盲人朋友倒水,需拉着盲人朋友的手将水杯放在盲人朋友手心中。又比如搀扶肢残人士时需要先询问应该搀扶左手还是右手。

青年学生志愿者经过培训会增进对残障人士的理解,增加对残障人士的尊重与关爱,有助于形成扶残助残良好社会风尚;而残障人士刻苦学习、自强不息的奋进精神对青年志愿者也具有励志教育作用。

3. 图书馆文化志愿者沟通途径探究

3.1 通过交流平台使图书馆阅读推广服务活动成为志愿者业余生活的自选项目

图书馆文化志愿者大多是利用业余时间无偿提供文化服务，自愿是前提条件，因此需要有一个互动交流平台，一方面供图书馆发布各项阅读推广服务活动的活动时间、活动地点、活动内容及服务对象等，另一方面供志愿者根据自己的实际情况决定是否报名。例如，黔南州图书馆通过"自强友谊长存"微信群发布活动方案，并发送接龙报名表。

3.2 通过交流平台使志愿者有机会深入了解服务对象，融入服务对象生活

图书馆阅读推广活动的成功开展，离不开广泛的群众基础。图书馆馆员及图书馆文化志愿者通过交流平台可以深入了解服务对象的需求，与服务对象交心，使图书馆阅读推广活动的策划及志愿者的服务方式更贴近服务对象的需求，令服务对象更满意，使活动更有成效。

4. 图书馆文化志愿者管理方式探究

4.1 通过交流平台密切联系服务对象，创建可操作性激励机制

图书馆通过交流平台以接龙报名表形式为志愿者建立服务积分制，同时可以通过交流平台及时了解服务对象对志愿者服务情况的满意程度，获取服务对象对每次活动成效的评价，这有助于客观公正评选优秀志愿者，形成可操作性激励机制。

4.2 依托特定企业创建的志愿者团队，对志愿者实行企业化管理，创建可持续性激励机制

图书馆由于人员、经费的不足，难以创建完善的激励机制来稳定志愿者队伍。如果图书馆能够与特定企业创建的志愿者团队建立联动机制，这将有助于图书馆对文化志愿者实行立体管控。一方面，图书馆通过交流平台对文化志愿者的志愿行动实行松散式管理，建立可操作性激励机制；另一方面企业通过可持续性激励机制对志愿者服务质量实行企业化管理；图书馆通过颁发荣誉证书对优秀志愿者侧重精神鼓励，企业通过一定的奖金、奖品对优秀志愿者给予物质奖励。虽然志愿者提供的是无偿服务，但志愿者的服务贡献需要获得社会认可，社会认可的方式多种多样，表彰与奖励是目前最具可操作性的方式。如黔南州图书馆与残疾人自主创办企业"贵州省梦之翼商贸有限公司"创建的梦之翼爱心志

者团队建立了长期合作关系，图书馆每次举办大型阅读推广活动，梦之翼爱心志愿者都踊跃报名参加，梦之翼爱心志愿者团队为黔南州图书馆文化志愿服务提供了充足的人力资源，成为黔南州图书馆阅读推广活动得以顺利开展的强大力量源泉。

图4　梦之翼爱心志愿者成立仪式

图5　梦之翼爱心志愿者爱心车队接送视障人士参加图书馆阅读推广活动

图6　都匀市爱心人士将新春祝福送给盲人按摩店

图7　都匀市爱心人士将新春祝福送给盲人按摩店

5. 图书馆文化志愿服务的可持续发展有待来自政府的激励政策

如何进一步完善激励机制，保持激励机制的长期有效和高效，使图书馆文化志愿者能够长久保持服务热情，关系着图书馆阅读推广活动能否持续深入开展。而完善图书馆文化志愿服务激励机制的关键在于政府能否出台相应激励政策，形成顶层设计、企业加盟、图书馆运作三方面合力，从效益、效率及价值三方面对图书馆文化志愿者的奉献精神给予高度评价与充分认可。唯有如此，才能借助文化志愿者的志愿服务保障图书馆阅读推广活动获得深入持久发展。

参考文献：

[1] 张怀涛. 阅读推广的概念与实施[J]. 河南图书馆学刊，2015（1）.

[2] 吕宇才. 图书馆的阅读推广活动研究[D]. 长春：吉林大学，2011.

[3] 董璐璐. 公共图书馆文化志愿者服务模式的探讨[J]. 大众文艺，2013（16）.

经济欠发达地区县级公共图书馆文化志愿服务探索

——以正安县图书馆为例

冯 康（正安县图书馆，贵州 正安 563400）

摘 要： 基层公共文化服务工作是推动社会主义文化大发展、大繁荣和构建具有中国特色公共文化服务体系的基石，公共文化志愿者在基层公共文化服务体系中的作用和地位越加突显。笔者结合自身工作实际，以正安县图书馆的志愿者服务为例，从志愿者队伍建设、志愿者服务氛围营造、志愿者管理、志愿者服务激情激发等角度探讨经济欠发达地区县级公共图书馆文化志愿服务工作。

关键词： 县级公共图书馆；文化志愿者服务；探索

近年来，在党中央、国务院高度重视下，我国公共文化建设投入稳步增长，覆盖城乡的公共文化服务设施网络基本建立，公共文化服务效能明显提高，人民群众精神文化生活不断改善[1]。在此大环境下，正安县提出了文旅兴县战略目标，坚持经济社会双轮驱动，不断创新社会服务管理理念，围绕县域文化发展和群众文化生活需求，以繁荣群众文化生活、促进社会和谐为目标，不断加强探索与实践，创新工作思路和模式，全方位、立体式开展文化志愿服务活动，有效提升了我县文化软实力、增强了文化影响力。在现代公共文化服务体系试点县创建中，为了进一步规范公共文化志愿者服务和管理，正安县出台了《正安县文化志愿者管理办法(试行)》，以下简称《办法》。正安县图书馆根据《办法》相关规定，对图书馆的志愿者进行重新注册，重新规范，实现网络化管理。

1. 夯实基础、提升水平，锻造专业化的图书志愿者服务团队

1.1 组建图书文化志愿者小分队

自 2016 年 3 月 15 日，《正安县文化志愿者管理办法》出台后，正安县图书馆对图书服务志愿者进行重新注册登记，重新规范，实现网络化管理，及时了解志愿者动态，随时收集志愿者提出的意见和读者反馈的信息，不断扩大和优化志愿者队伍，提升志愿者服务水平，拓宽志愿者服务渠道。2018 年正安县图书馆在文化志愿者招募工作中，每个乡镇招募不少于 10 名，每村至少招募 1 名具有一定文化素质，并且相对稳定的文化志愿者，配合村级文化管理员开展日常工作，保证乡镇、村级图书室、电子阅览室等公共文化设施正常开放，协助基层管理好文化设施，辅助开展文化活动。

1.2 设立文化志愿者辅导站

充分利用文化志愿者这一宝贵社会资源，正安县图书馆在正安县设立了 19 个文化志愿者义务辅导站。每个站点根据场地和群众需求，开展内容丰富、形式多样的培训。在乡镇综合文化站的统一安排下，开展图书文化服务和阅读推广等活动，从志愿者的业务水平、职业操守、奉献精神、活动策划、社会价值等全方位进行提升，从而增强志愿者的团队精神、改善服务质量和提高社会效应。

2. 广泛动员、加强宣传，全面营造图书文化志愿服务活动氛围

2.1 营造广泛参加的社会氛围

以正安县图书馆为中心，以乡镇综合文化站为纽带，以村居服务、公益宣传等活动为载体，通过电视、广播、悬挂横幅等途径，普及志愿服务理念，弘扬志愿精神，扩大社会影响，在正安县范围内招募文化志愿者，引导公众参与到文化志愿服务活动中来。同时广泛开展优秀图书文化志愿者、优秀图书文化志愿服务项目评选活动，宣传图书服务志愿者典型事迹，积极倡导"图书文化志愿服务光荣"，吸引民众参与图书文化志愿服务。

2.2 形成良性互动的服务氛围

广泛宣传图书文化志愿服务小分队的风采，善于发现特点，总结经验，推介榜样，营造人人参与、人人支持图书文化志愿服务的良好氛围。通过制作图书文化志愿服务宣传片、开展图书文化志愿服务征文活动、编撰优秀征文宣传册、召开"图书文化志愿服务总结座

谈会"等形式的活动，将全年经验进行总结和推广，打造良好的图书文化志愿服务氛围。

3. 突出特色、塑造品牌，大力开展形式多样的图书文化服务活动

　　正安县图书馆的"三送五进一上，三推一促进，实现三个满意"服务活动，进一步丰富了"三中心一平台"的内涵。三送，即送书籍、送电影、送科技信息；五进，即进校园、进企业、进监狱、进军营、进乡镇社区和村庄；一上，即上广场；三推，即推进现代公共文化服务试点建设，推进"两学一做"提供资源平台，为推进全面小康建设提供智力支持和信息支撑。一促进是指促进全民综合素质提升，县域经济持续、快速、健康发展，社会和谐；三个满意即实现读者满意、组织满意、社会满意。努力将正安县图书馆打造成读者阅读中心、学术交流中心、信息发布中心和资源共享平台。近年来，我们组织志愿者开展的送文化进监狱的感化活动"积极改造获自由，亲人团结享天伦"、送文化进校园的普法活动"德法同行呵护未来，阅读相伴健康成长""小手牵大手，共享阅读快乐"等，得到了社会的普遍好评和上级组织的高度认可。

4. 坚持自愿、平等、无偿、利他原则，分类管理，有效激发图书志愿者工作激情

　　在志愿者招募和管理中，坚持自愿、平等、无偿、利他的原则，分类管理，每年正安县图书馆将约五万元资金投入到志愿服务工作中。我馆就如何调动图书服务志愿者中也有一些心得。正安县图书馆以前把志愿者分为四种类型，根据不同类型的志愿者，对其进行不同的服务活动的分工和考核，充分调动和激发各种类型的志愿者，让他（她）们尽自己最大可能的为读者服务，为推动全民阅读做出自己的贡献，同时也感染更多的人参与到我们公共文化服务中来。志愿者的人员构成为以下几类：

　　一是有固定的单位，将业余时间投身社会公益的人员。我们根据他们服务的时间进行星级评定，发放荣誉证书，特别优秀的人员由图书馆向县人民政府申请，由县人民政府颁发荣誉证书，这既是对他们为社会付出的一种认可，也是他们业绩的一种体现，更是他们人身价值的一种体现。

　　二是大学毕业，处于待业期间，又热心图书服务事业，同时，也将图书馆服务工作作为社会实践的一个练兵场、加油站的人员。在他们自愿的前提下，图书馆将他们纳入图书馆工作人员范畴同考核，同安排，并给予一定的资金支持。适当的时候，将他们向条件好

的企业推荐。

三是有一定特长、热爱社会公益，自身也有一定的经济基础的人员。像闵建忠同志，他以前是一个建筑人员，现在给图书馆驾驶流动图书服务车，图书馆每月给他一点补贴，为他解决三险。

四是部分退休后，又热衷公益事业，愿意为我县公共文化服务发挥余热的同志。县图书馆积极对他们进行业务指导，并为他们的图书室提供资源补给，像流镇的晏贵绪同志退休后，利用自己在集镇上的一间门面免费给群众提供科技文化服务，县图书馆不定期的给他补充部分图书、报纸、期刊，通过对他进行简单图书分类、编目、上架、借阅登记等事项的培训，晏贵绪同志不仅能够开展好正常的读者服务，还通过自己多年的工作经验，和对当地群众需求的了解，摘录部分群众急需的科技知识到群众中宣传，有时还将党的政策、政府的中心工作编成快板的形式，利用赶集和农村酒席聚会等，向群众宣传。他们为地方公共文化服务的事迹曾得到了多家媒体的报道，更加激发了他们为公共文化奉献自己的热情。

虽然县图书馆一直致力于图书志愿者服务管理的探索，但在志愿者招募的规模上、志愿者服务质量上还有待提高，志愿者服务工作经费投入方式有待探索。我馆下一步将加强组织领导，加大调研范围，积极探索，努力走出一条符合正安县图书志愿者服务的特色通道。

参考文献：

［1］中共中央办公厅，国务院办公厅. 中共中央办公厅，国务院办公厅.《关于加快构建现代公共文化服务体系的意见》（全文）［EB/OL］.（2015-01-14）［2018-05-16］.http：//www.gov.cn/xinwen/2015-01/14/content_2804250.htm.

县级公共图书馆文化志愿服务工作实践
——以乌当区图书馆文化志愿工作为例

彭 炜（乌当区图书馆，贵州 贵阳 550004）

摘 要： 乌当区图书馆文化志愿服务工作在文化志愿服务组织管理、文化志愿服务活动工作开展等方面成效卓著，在2014年"文化志愿服务推进年"系列活动中获文化部两项奖励，文化志愿服务组织经验对欠发达地区公共图书馆有积极的借鉴意义。

关键词： 乌当区图书馆；文化志愿者；文化志愿服务；服务规范

贵阳市乌当区图书馆是一家区县级公共图书馆，面积2250余平方米，现藏有22大类图书共11.6万册，报纸杂志250余种。根据文化部、中央文明办《关于广泛开展基层文化志愿服务活动的意见》，"认真贯彻落实党的十七届六中全会精神，推动城乡基层文化繁荣发展，丰富人民群众精神文化生活，更好地保障人民群众对基本文化权益"[1]的要求，为进一步学习和弘扬雷锋精神，在乌当区委、区政府的号召下，乌当区图书馆根据实际工作情况大力发展文化志愿服务活动。文化志愿者秉承"奉献、友爱、互助、进步"的志愿精神，通过开展多种形式的活动，提供公益性的免费文化服务，引导广大群众创造文化、参与文化、享受文化。其文化志愿服务组织经验对欠发达地区公共图书馆有积极的借鉴意义。

1. 规范文化志愿服务组织管理

1.1 文化志愿服务组织精准定位

乌当区图书馆成立文化志愿者服务队的目的：精神追求、社会使命、知识学习、价值实现、人生体验、心理完善。乌当区图书馆文化志愿者是由乌当区图书馆组织成立并直接领导的，由爱好志愿服务和乐于助人的广大公民参与组织成立的一个公益性团体。乌当区图书馆馆充分利用藏文献和信息资源、发挥图书馆的社会职能，培养读者良好的读书习惯，加强图书馆与读者间的联系，营造高雅的图书馆学习氛围，提高读者信息素质，丰富人民社会文化生活。志愿者服务队协助乌当区图书馆举办各种公益性活动，管理好图书馆，服务社会。

1.2 建立组织机构及明确职责

乌当区图书馆文化志愿者服务队接受乌当区图书馆的领导、监督并对其负责。服务队设一名指导老师、一名队长、一名副队长、二十名至三十名志愿者队员。

指导老师（党员）：由乌当区图书馆馆长担任，领导、监督文化志愿者组织，把握文化志愿者组织的方向和活动内容，协调文化志愿者组织和乌当区图书馆的关系。

队长：把握文化志愿者组织的工作方向，统筹规划文化志愿者组织的总体工作，保持与指导老师的联系和沟通、并对其负责。

副队长：接受指导老师的领导、监督，协助队长工作，督办计划的落实，做好图书馆活动资料的充分准备，听取各队员上报的工作情况，协调各队员工作。

志愿者队员：接受指导老师的领导及监督、完成指导老师安排的工作，服从队长、副队长分配的任务，并认真完成。

1.3 完善制度

在国家文化部及文化厅的文化志愿服务相关文化指导之下，根据本馆工作制定了《乌当区图书馆文化志愿者管理办法》《贵阳市乌当区文化志愿者装备管理办法》。

2. 依托公益性文化设施开展基层文化志愿服务活动

2.1 丰富老年生活，促进电脑普及

从乌当区图书馆招募文化志愿者以来，该馆共举办了十八期老年人计算机培训基础班和四期老年人计算机培训提高班活动，共培训老年学员 1450 人次。基础班主要对老年人进行计算机基本使用及老年人关心的上网聊天、听音乐、看电影、查资料、收发邮件等内容的培训学习；提高班开设了会声会影的使用，使更多老年人实现了自己制作电子相册、编辑旅游视频的心愿。

2015 年 9 月以来，我馆结合现代信息科技的发展，推出了老年人智能手机使用的培训，并录制了通俗易懂的视频教程。通过手把手地教，面对面地学，90 名老年学员全部学会了智能手机的使用和部分应用软件的使用，方便了老年人的交流，让他们在信息社会活得

轻松自如。

2.2 儿童欢乐世界，学习玩耍并举

在乌当区图书馆的组织下，文化志愿者利用周末时间为乌当区少年儿童奉上了一场场精彩的文化盛宴，丰富了孩子们的课余生活，在学习中娱乐，在活动中学习。"花儿姐姐故事会"——志愿者同孩子们围坐一圈，拿着可爱玩偶，讲述着各种童话故事，孩子们脸上洋溢着成长的喜悦；"周末电影沙龙"——每周一个主题，每周一场电影，在电影中获得知识，在故事中学会成长，通过国内外优秀电影的展播，一方面可以丰富我区市民的业余生活，另一方面也可以增进大家的交流，增进大家的沟通；"我是巧巧手"活动——通过志愿者的讲解与演示，志愿者带领着孩子们一起开阔思维，把一件件普通的原材料制作成一个个精美的艺术品，从小培养亲自实践、自己动手的能力；"科普世界"——严谨的科学，有趣的故事，二者结合，相得益彰，通过志愿者的讲解，使得青少年儿童可以在轻松的氛围中去理解体会枯燥的科学原理，提高对科学知识的兴趣。该馆文化志愿者在雷锋活动月中，通过上述活动，提高了少年儿童对于学习的兴趣，取得了预期效果。

2.3 小小主持人，人小口才好

随着学校新学期的开始，新的一期"小小主持人"培训班也开班了，每期"小小主持人"共有50余位小朋友参与。此活动是以提高小朋友舞台表现力、语言表达力为目的，我馆的"小小主持人"在授课内容上有所更新，增加了脱口秀、故事配音等授课内容。根据小朋友的自身综合能力分为基础班和提高班，基础班主要教授发音、礼仪等主持入门课程；提高班增加脱口秀等进阶内容。我馆作为公共文化服务基层单位，将会一直致力于本区居民的文化服务，也将为小朋友提供一个"乐学"的场所。

2.4 扬传统经典，习民族瑰宝

书法活动作为一种修身养性的有效方法，能让小朋友通过练习书法使心情得到平静放松。在练习书法的过程中，小朋友把神、气贯注于书法运动，做到神领笔豪，气运于手，乐在其中，我馆秉承为社区人民服务的宗旨，开设了"少儿书法培训"，每周日上午进行一个半小时的培训，一直持续到暑假。书法班特聘乌当区书法协会秘书长——冯波老师教授，冯老师带领小朋友感悟颜真卿楷书中忠勇壮美的万丈豪情，体会学习书法在生活、学习中给我们带来的益处。在此段时间的教学中，冯波老师及文化志愿者给小朋友们树立了榜样，从而在以后的书法学习中严格要求自己，力争达到陶冶情操、超越自己的目的。

2.5 爱心小课堂，温馨暖乌当

乌当区图书馆开设了"快乐阅读与梦想做伴之爱心小课堂"活动，此项活动不仅解决节假日期间父母因工作无法辅导小朋友作业的难题，并且为小朋友营造一个良好的环境，督促小朋友巩固学习。爱心小课堂作业辅导的科目是小学一年级到六年级的语文、数学和英语三科，辅导对象为热爱学习、积极向上的1~6年级的学生，特别是低收入家庭子女、流动人口（父母低学历）子女、外出务工人员子女（留守儿童）、三无人员子女、残疾人子女等享受国家低保的家庭子女。在此期间，文化志愿者同乌当区图书馆一起奉献正能量。

2.6 交流读书心，共享读书乐

乌当区图书馆利用每周三及每周六晚上，在馆四楼黔学文献库及八楼自习室分别举办读者学术沙龙和书法沙龙。读者协会是由居住在乌当区的青年学者自发建立的一个学术交流组织，目的是增加学者间的交流，增强学者的创新能力，提高学者的专业水平，积极为地方社会经济发展出谋划策，以实现自身价值；书法沙龙由读者协会中的书法爱好者自发组织，为书法爱好者提供了一个宽松、自由、平等的交流思想的平台，拓宽了青年学者的学术视野，活跃了思维。

3. 乌当区图书馆文化志愿服务特色

3.1 与高校合作，有稳定文化志愿者队伍

乌当区图书馆与贵州师范学院签订合作协议，乌当区图书馆为学生提供文化志愿服务平台，贵州师范学院鼓励支持学生参与。每年的学雷锋志愿月都在贵州师范学院开展新一届文化志愿者的招募活动，招募吸收更多优秀的大学生团体服务于社会。2016年招募活动大概有300人报名，较第三届文化志愿者招募的200人参与度更大，人数更多。在此次的招新活动中我馆的文化志愿者充分展现了志愿者团队精神，分工明确。面对众多来咨询报名的同学，耐心解答，微笑服务，使每一位到来的同学得到最好的服务。

3.3 根据文化志愿服务内容和志愿者专长细化服务

乌当区图书馆文化志愿者服务队是为了加强贵阳市乌当区公共文化服务体系建设、保障广大人民群众的基本文化权益、满足广大人民群众日益增长的基本文化需求、服务社会、服务大众的一支团队。图书馆投入资金达38万，先后开展了多次大型文化志愿服务活动。根据文化志愿服务内容和志愿者专长细化服务：有"绿丝带"文化志愿服务队公益电影播

放分队，利用全国文化共享资源和图书馆电子资源，每周六下午在图书馆多媒体教室免费为留守和流动儿童播放一场电影，共开展128次公益电影播放活动，使文化大餐也能让这些孩子享用；"绿丝带"文化志愿服务队手工培训分队，利用每个寒暑假日、周末、节庆日开展手工制作活动，鼓励家长孩子积极参与，在活动中锻炼同学们自己动手操作能力，挖掘小读者们的创造性思维，在阅读之余感受艺术的魅力。计算机培训分队成立以来，共开展了八期"老年人计算机免费培训"，参加培训人员数量684人次，所有参加学习的中老年朋友和农民工朋友都能熟练使用电脑上网、查找资料、下载音乐、发送邮件资料、视频语音聊天、制作电子表格、制作文档等。

3.3 参赛知成效，荣誉促发展

2013年及2014年，文化部、中央文明办组织开展了"文化志愿服务推进年"系列活动，举办了"春雨工程"——全国文化志愿者边疆行和"大地情深"——国家艺术院志愿服务走基层两项示范活动，广泛发动各地各级文化行政部门开展9个主题的基层文化志愿服务活动。乌当区图书馆积极探索、大胆尝试，不断丰富服务内容、创新服务手段、规范工作机制，培育了一批文化志愿服务品牌项目，涌现出一批崇德向善、无私奉献的文化志愿者，有力地推动文化志愿服务事业蓬勃发展。经各地文化厅（局）和有关单位推荐，专家评选，乌当区图书馆彭炜馆长在2014年"文化志愿服务推进年"系列活动中，被评为全国文化志愿服务工作优秀个人，文化志愿者张秋荷在2013年"文化志愿服务推进年"被评为优秀文化志愿者，付鹏在2014年"文化志愿服务推进年"被评为优秀文化志愿者[2]。

3.4 人性化服务和激励文化志愿者

文化志愿服务组织单位，是指组织开展文化志愿服务的文化行政部门、文化单位[3]。文化志愿者为基层人民群众日益增长的文化需求提供服务，图书馆作为文化志愿服务的组织者，应做好文化志愿者的人性化服务工作。乌当区图书馆作为文化服务基层单位，在组织文化志愿者开展文化志愿服务的同时，特别注重文化志愿者的人性化服务和激励，关心文化志愿者的生活，为学生提供文化志愿的平台和途径，并在文化志愿服务中获得知识与生活阅历的增长，坚持文化志愿服务与实现个人发展相统一，让文化志愿者在参与文化志愿服务的过程中经受锻炼、增长才干。乌当区图书馆定期开展表彰活动，并为文化志愿者设计了有中国文化志愿者及标志的精美文化志愿证书，为文化志愿工作者履历添彩。志愿服务是社会文明的象征，乌当区图书馆通过积极开展各种适合各年龄阶层读者参与的文化志愿者服务工作，取得了良好的社会效益，有力地保障基层人民群众文化权益，有效地促进了地方精神文明建设。

参考文献：

[1] 文化部. 文化部，中央文明办关于广泛开展基层文化志愿服务活动的意见（2012年）[EB/OL].（2012-09-21）[2016-08-15]. http：//www.wenming.cn/ziliao/wenjian/jigou/qita/201209/t20120921_862957.shtml.

[2] 文化部公共文化司. 文化部关于表扬2014年"文化志愿服务推进年"优秀典型的通报［EB/OL］.（2015-01-22）[2016-08-15]. https：//www.mct.gov.cn/whzx/bnsj/ggwhs/201501/t20150122_764716.htm.

[3] 文化部公共文化司. 文化部关于印发《文化志愿服务管理办法》的通知［EB/OL］.（2016-07-18）[2016-11-23]. http：//zwgk.mct.gov.cn/auto255/201608/t20160805_474896.html.

基层图书馆与社会团队合作文化志愿服务之路的探索
——以贵州省三穗县图书馆为例

万文才 （三穗县图书馆，贵州 贵阳 550004）

摘 要： 西部地区基层图书馆，人员配备严重不足，建筑面积远不达标，社会职能比较落后，这与《公共图书馆服务规范》要求有相当的差距，严重制约了图书馆的发展。三穗县图书馆解放思想，与社会团队合作文化志愿服务的模式，是一条弥补当前"短板"的切实可行、成效明显、合作共赢发展的途径。

关键词： 基层图书馆；社会团队；文化志愿服务合作

1. 西部地区基层图书馆状况

西部地区基层图书馆，人员配备严重不足，建筑面积远不达标，社会职能比较落后，这与《公共图书馆服务规范》要求有相当的差距，严重制约了图书馆的发展。以贵州省黔东南苗族侗族自治州人员配备情况为例：剑河县编制5人（被抽调2人）、雷山县编制2人（被抽调1人）、黄平县编制5人（被抽调2人）、丹寨县编制5人（被抽调3人）、镇远县编制6人（被抽调1人）、岑巩县编制3人、榕江县编制5人、施秉县编制4人、麻江县编制3人、黎平县编制5人、天柱县编制4人、锦屏县编制5人、台江县编制4人、从江县编制4人、凯里市编制5人。

贵州省黔东南苗族侗族自治州的三穗县地处黔东南东北部，全县土面积1035平方千米，辖7镇2乡，159个行政村、5个居民社区，总人口22万，其中以苗、侗为主的少数民族占75%，农业人口占89%。自古就有"黔东要塞"和"千里苗疆门户"之称。三穗县人口22万人[1]。根据《公共图书馆服务规范》："每服务人口10000人至25000人应该配备 1 名工作人员"[2]。三穗县应至少配备 9 名工作人员，但目前三穗县图书馆人员编制现状：编制 4 人，在岗 4 人，公益性岗位 1 名，共 5 人，人员结构老化，服务人员平均年龄 47 岁。

2. 公共图书馆事业发展的现实需求

随着人民群众生活水平的提升，广大社会群众希望图书馆错时开放，这对图书馆工作人员的工作提出了更高要求。在 2017 年文化部第六次县级以上公共图书馆定级评估中，要求县级基层图书馆，每周开放至少 60 个小时，平均每天要开放 8.57 个小时。以三穗县图书馆为例，加公益性岗位一共 5 个人，要负责电子阅读室、成人阅览室、图书借阅室、少儿阅览室，负责图书馆内部事务管理及馆外的延伸服务。图书馆事业服务人员严重不足。

3. 基层图书馆与社会团队合作文化志愿服务之路的探索

3.1 创新服务理念

创新是一个民族的灵魂，创新也是图书馆事业发展的灵魂。三穗县图书馆面对现状，创新公共图书馆服务理念，解放思想，与社会团队合作，开辟了一条弥补当前"短板"、切实可行、成效明显、合作共赢发展的途径。

3.2 走出去与社会合作办馆

三穗县图书馆创新办馆模式，"走出去"与社会合作办馆，一是在县政务中心、县医院、县敬老院等创建了免费图书小站，这项创新工作得到了州文广新局、州图书馆和县政策研究室的肯定，并在县目标考核中作为局工作的创新项加了分。二是在金穗社区、颇洞景区等 5 个移民小区建设分馆。三是在县看守所、高速公路执法大队、三穗站高铁站、三穗线路车间、经济开发区、城关二小、文笔社区、"天下第一长联"书斋等帮扶下共建了"书香三穗"示范服务点等。"走出去"的实践，得到了合作方的大力支持和充分肯定，也有效解决了图书馆人力、馆舍不足的难题。

3.3 "筑巢引凤"合作模式

三穗县图书馆位于贵州省三穗县东门北路，占地 1240 平方米，建筑面积 1058 平方米，三穗图书馆现设有文化信息资源共享电子阅览室 1 个（32 个网络节点）、播影室一个、图书阅览室一个（64 个座位），设有图书室、外借处、报刊阅览室、少儿阅览室、文献室、书库等服务窗口。三穗县图书馆在人力不足的情况下，创新思维，想到采用"筑巢引凤"的合作模式，将社会组织"引进来"。黔东南州青鸟助学会、新教育萤火虫三穗分站的负责人想找一个活动场所用于建设常春藤读书社，读书社的模式正好符合图书馆为社会开展阅读服务功能要求，也与三穗县图书馆"筑巢引凤"的思想一拍即合。

黔东南州青鸟助学会、新教育萤火虫三穗分站的负责人薛淇方，是三穗民高英语教师，黔东南州心理健康教育协会副会长，一位热心公益的文化志愿者。她带领的志愿团队感动了上海、杭州、河北、广东的爱心人士，为三穗县投资投物献爱心；此团队关爱留守儿童的工作也得到了国家流动人口司领导和专家的肯定；薛老师本人获得贵州省全民阅读办、省广电新闻出版局、省妇联表彰的"2017年度省十大亲子书香家庭"殊荣；她的愿望是让她的家乡三穗成为爱之城、书香之城；她为教育和公益事业，燃烧着自己的年华、用生命在点燃心灯，也让灯光照亮和温暖更多需要帮助的人。

三穗县图书馆将三楼提供给常春藤读书社开展活动，在三穗县图书馆核心志愿者薛淇方的带动下，这个团队已发展到了300余人。

志愿者团队在馆外也做了很多延伸服务，例如：团队组织的一次捐赠义演就感动了现场观众，并现场募集了6万多善款，资助了一位被白血病魔缠身的中学生。又如：在国家3A级景区颇洞景区延伸建设了亲子农场，经常开展户外亲子活动。这是一道亮丽的风景，是让孩子们感受农家生活、捡拾农村乐趣、接地气、懂感恩的家园，是让少儿朋友们阅读农村的一本生动读物。还开展了很多少儿朋友"一对一"帮扶偏远乡村小孩的活动等。

如今，图书馆三楼已成为彼此"联姻"的新房，这里很温馨，也成为了图书馆的一个亮点。常春藤读书社是一个令人感动的团队，他们因为有爱心，所以去关注；因为有责任，所以去行动；因为有勇气，所以去面对；因为有感动，所以绽放蓓蕾，绽放了最美。他们不计报酬，不言辛劳，讲的只是苦中有乐的那份幸福感，讲的只是无私奉献的公益心！

4. 社会效益显著

4.1 图书馆与社团呈现共赢态式

图书馆把三楼之前的少儿阅览室和青少年活动室交给常春藤读书社管理和提升建设，建成了集留守儿童之家、视频通话室、少儿培训室于一体的多功能活动场所，还建设了特色走廊，增加了许多少儿公益讲座和读书推广活动，图书馆"活"了，"活"得像个图书馆。

常春藤读书社有了自己的"家"，也为图书馆增加了"人气"。今天，三穗县图书馆不再是只有5个人，而是一个"营"。因为常春藤读书社有一套比较成熟的管理和经营模式，越来越得到小朋友的喜爱和家长的认可，读书社以三穗县图书馆为文化阵地，开设了民族文化寻根的侗语课、绘本课、主持人课和幸福故事讲述课等公益课程和慈善团体资助的留守儿童心灵成长项目。

4.2 吸引创新项目"布客书屋"落户三穗

常春藤读书社工作很有成效，得到了省图书馆极大关注。2017年3月至7月，省图书馆党委副书记韩洪、省图书馆少儿部主任周媛、副主任周琦等领导多次到三穗实地调研，最后敲定：将贵州省图书馆少儿阅读服务创新项目"布客书屋"于7月16日落户三穗，让三穗县图书馆成为全省第28个"布客书屋"项目点。为此，贵州省文化厅公共文化处和贵州省图书馆将2017图书馆少儿阅读文化志愿服务培训班在三穗开班，来自全省"布客书屋"项目点的少儿阅读文化志愿服务人员共120余人齐聚三穗参加培训和交流，邀请了被誉为"亚洲最会讲故事的人"的台湾少儿节目主持人张大光先生和省内少儿阅读研究的知名专家现场授课。志愿者团队整体加入贵州省布客儿童阅读文化志愿者服务团队。

4.3 全州推广

包括常春藤读书社主打的少儿阅读推广模式在内的全民阅读经验在全州得到进一步推广，"走出去""引进来"的"合作"模式成为全民阅读探索到的两条新路子，得到州文广新局主要领导的高度认可。2018年3月13日，州文广新局就此项工作到三穗进行专项调研；3月30日，在全州文化广电新闻出版工作会议上，三穗县文体广电旅游局的主要领导就三穗县全民阅读工作开展情况作经验交流发言，得到了全州各县的赞赏。

5. 经验启示

5.1 "合作"双方既是两部分又是一家人

图书馆将继续与常春藤读书社的志愿者们一起探索合作伙伴关系，图书馆三楼全部是他们的办公和活动场所，他们不计报酬，与图书馆一同更好地为少儿阅读推广、为少儿的健康成长开展读书公益活动和志愿服务。

5.2 "合作"的双方平等共管，合作共赢

双方出点子，由文化志愿者团队牵头，图书馆参与；由文化志愿者团队开展活动，图书馆规范指导；由文化志愿者团队收集痕迹，图书馆备份留存；图书馆协助宣传，助力和

发扬文化志愿者团队公益精神。

三穗县图书馆与社团合作开展文化志愿服务的共赢发展的模式，为西部地区基层图书馆发展中人力资源不足的难题提供了有效的解决方案。

参考文献：

［1］三穗县人民政府．［DB/OL］．［2016-06-09］．http：//www.gzss.gov.cn/zjss/.

［2］全国图书馆标准化技术委员会.公共图书馆服务规范标准：GB/T28220—2011［S/OL］．［2016-106-11］．http：//www.chnlib.com/LunWen/2017-03/166643.html.

项目活动篇

阅读与音乐的同步推广
——贵阳2012年"世界读书日"乡村儿童图书音乐节

周 琦（贵州省图书馆，贵州 贵阳 550004）

（此案例获中图学会主办、中图学会阅读推广委员会阅读文化研究专业委承办的"全民阅读推广活动经典、创新案例"一等奖）

一、前言

未成年人是祖国的花朵，是祖国的未来，他们的健康成长得到社会各界的关注。《我国国民经济和社会发展十二五规划纲要》提出：合理配置公共教育资源，重点向农村边远、贫困、少数民族地区倾斜，加快缩小教育差距。农村由于交通不便、信息闭塞、经济贫乏等实际情况导致城乡之间的阅读资源、阅读水平、阅读习惯、阅读意识仍然存在相当的差距，这种现象在经济欠发达和经济不发达的西部农村地区表现更甚。

为了向广大的农村少年儿童宣传阅读的重要性，让他们感受阅读的快乐，吸引他们关注阅读，参与阅读，在4月23日"世界读书日"到来之际，在贵阳市文明办的指导下，贵州省图书馆与贵阳广播电视台、贵阳市图书馆等多家单位合作，近百名爱心志愿者积极参与，共同携手走进乌当区水田镇中心小学举办了"乡村儿童图书音乐节"，开展阅读推广工作。这是继去年首届图书音乐节针对城市儿童群体，在贵阳市中天花园社区的圆满举行之后的第二届图书音乐节。这次乡村图书音乐节针对农村未成年人群体，开展阅读与音乐同步推广的世界读书日活动，并针对乡村少年儿童的特点设立爱心赠书铺，把图书带到最缺乏的地方——乡村，把阅读带给最需要的人——乡村少年儿童。

此次活动创意特点在于将阅读与音乐一起同步推广。利用音乐给人带来的愉快的感受，在音乐的背景下开展阅读活动的推广，更能让人感受到阅读的快乐。活动策划了主会场和八个创意小店铺，以丰富多彩的店铺活动和整点主会场活动为立体的方式呈现，为孩子们营造一个节日读书氛围，以寓教于乐的形式展开阅读推广，让乡村少年儿童了解"世界读书日"的意义和内涵，普及图书、音乐、节日等知识，让同在蓝天下的乡村少年儿童都能感受到阅读的快乐。

二、2012年"世界读书日"乡村儿童图书音乐节阅读推广案例介绍

（一）活动概况

1. 活动性质：公益性活动
2. 活动主要内容：
（1）活动对象：5~16岁乡村少年儿童
（2）活动时间：4月22日 11:00~16:00
（3）活动地点：水田镇中心小学操场，活动场地布置为一个主会场、八个特色卡通小店铺。其中八个特色主题店铺从11点开始开展各类趣味性活动并贯穿始终，主会场从14点开始进行整点主题活动，以时空立体的形式把整个图书音乐节活动推向高潮。
（4）主会场整点主题活动：
① 11:00 社区儿童图书音乐节启动仪式、当地少年儿童齐诵《弟子规》；
② 14:00 文艺表演："天使"之舞、儿童剧《丑小鸭》、苗族木叶吹奏、身体律动游戏、交响乐团演奏；
③ 16:00 结束致辞，跳起告别的舞。
（5）卡通特色店铺活动特色主题店铺设有：许愿墙、爱心赠书铺、头脑风暴铺、经典朗读铺、手工书签铺、绘画铺、网上冲浪铺、心灵鸡汤铺。
① 许愿墙：
志愿者们准备好各色各样的卡纸和一面墙，每个小朋友把自己最喜欢的图书、最喜欢的书中人物、最想读到的图书、最喜欢的句子、最希望实现的愿望写在卡纸上后贴在许愿墙上。
② 爱心赠书铺：
参加各个店铺活动的小朋友得到盖印章的留念，当印章数达到4个以上，即可到该铺选取自己最喜爱、最想阅读的一本图书带回家，每人限领一本。实现一人一个图书馆，培养小朋友的图书管理意识，自己做图书的小主人。
③ 图书头脑风暴铺：
该铺装满谜语、图书知识小问答等猜谜题目，小朋友可进入店铺任意答题，回答正确的小朋友可获取小纪念品。

④ 朗读铺：

贵州省图书馆精选少儿图书到该铺展示，供大家阅读，并特邀贵州电视台知名主持人、《贵阳市社区儿童阅读共享项目》志愿者带领大家一起大声朗读图书。小朋友们的朗读视频将在贵阳广播电视台综合广播《红帆船》栏目中播出。

⑤ 书签手工铺：

动手动脑制作漂亮的个性书签。该铺为大家提供彩纸、水笔、剪刀等工具，小朋友在志愿者哥哥姐姐们的指导下，自创美丽的书签带回家。

⑥ 绘画铺：

充分发挥想象空间，绘画心中最美的图画。该铺为小朋友提供绘画工具，专业美术老师亲临现场进行指导，尽情享受绘画的乐趣。

⑦ 心灵鸡汤铺：

特约未成年人心理健康辅导站的专业心理教育老师为家长朋友分析孩子教育过程中遇到的各种问题，以专业的教育方法与实践经验帮助家长解决孩子教育过程中的难题，并赠送教育资料、生活常识等小资料。

⑧ 网上冲浪铺：

计算机专业老师带领小朋友在互联网上搜索各种信息，了解网络资源的丰富性、趣味性、知识性，体会网上娱乐、交流、学习、咨询等多方面时下流行的互联网运用。

（6）活动参与单位

① 主办单位：中共贵阳市委宣传部、贵阳市文明办、贵州省图书馆、贵阳广播电视台、贵阳市图书馆、乌当区文明办、全国文化信息共享工程贵州省分中心。

② 协办单位：乌当区教育局、贵阳学院、贵阳市未成年人心理健康辅导站、贵州大学明德学院红十字会、西南风图书连锁有限公司。

③ 承办单位：贵阳广播电视台综合广播《红帆船》、《观点直播间》、贵州省图书馆少儿部、贵阳市图书馆少儿部、贵阳市美育儿童音乐舞蹈国际机构。

④ 媒体支持：中央媒体有新华网（贵州频道）、人民网（贵州频道）、中央人民广播电台《光明日报》；省级媒体有《贵州日报》《贵州商报》《贵州都市报》《贵州人民广播电台》《金黔在线》《新报》《黔中早报》《青年时代》杂志社，市级媒体有《贵阳日报》《贵阳晚报》、贵阳广播电视台、贵阳新闻、爽爽的贵阳网、中国·贵阳网。

（二）活动实施

1. 活动准备

表1　社区儿童图书音乐节准备流程表

实施步骤	实施时间	实施时间
总体策划阶段	2月、3月	1. 策划开展图书与音乐相结合的活动形式，策划八个特色店铺与主会场相结合的活动场景布置；草拟活动策划书； 2. 与贵阳市文明办、贵阳广播电视台、贵阳市图书馆、美育儿童音乐舞蹈国际教育机构、贵州大学明德学院、全国文化信息共享工程贵州省分中心等单位和部门进行接洽，就活动组织开展、新闻宣传、志愿者服务、奖品选购等相关事宜进行协商争取最大支持； 3. 对适合开展活动的贵州省乡村学校认真进行考察、筛选，确定最终会场。
实施阶段	3月、4月	1. 对主会场舞台布置，各个店铺门头的装饰、邀请券、宣传海报等进行设计、布置与印制； 2. 对主会场整点主题活动、八个店铺的主题及活动内容进行策划。 3. 图书知识宣传展板的制作。 4. 对主题活动中儿童剧《丑小鸭》小演员进行海选、选择剧本、制作人物服装、道具、音乐，近1个月的排演。 5. 对各店铺所需道具进行统计并统一采购、制作。 6. 通过各种媒体和多种途径对活动内容进行宣传，宣传时间：4月1日~4月21日

2. 活动过程

为了使活动顺利进行，确保活动现场便于管理和控制，我们提前印制并发放了800份邀请卡到学校，通过学校分发到每个学生的手上。同时，我们为每个店铺都设计了一个独特的印章，每个参加活动的小朋友都可在入场券上盖上一个印记，以作留念。

11点活动启动仪式正式开始，贵阳市文明办未成年思想道德建设工作组副组长莫芸、贵州省图书馆党委书记王曼、贵阳广播电视台综合广播总监黄桃利、乌当区文明办主任徐云森、乌当区水田镇人民政府镇长刘宁、乌当区教育局纪委书记陈秀岚等相关单位领导到场祝贺，并与现场的小朋友们分享了自己幼年时期热爱的图书与音乐。贵阳市文明办副组长莫芸看到了三层楼的少年宫有舞蹈室、图书馆、围棋室等很是欣慰，鼓励同学们积极参加少年宫的各项活动，丰富自己的课余生活。贵州省图书馆党委书记王曼介绍了图书馆的情况，希望大家能多走进省图书馆，利用馆内各种资源来丰富自己的知识，拓宽视野，增长见闻。贵阳广播电视台综合广播的主持人高飞哥哥作为志愿者代表宣读贵阳市乡村学校少年宫招募志愿者倡议书。中心小学全体同学诵读的经典国学《弟子规》正式拉开了活动序幕。

接下来就是同学们参与各个店铺活动的自由时间，许愿墙、经典朗读铺、爱心领书铺、头脑风暴铺、书签手工铺、绘画铺、心灵鸡汤铺、网上冲浪铺等店铺活动各显神通。第一个店铺是许愿铺，小朋友们兴致勃勃地抢到各种各样的图案纸，并在上面写上自己小小的心愿贴在许愿墙上，还有很多小朋友与之留恋合影。许愿墙上的愿望层出不穷，有想长大后当医生，有想考上重点大学，有想拥有一本图画书……一个个小小的愿望呈现出小朋友们心里最真实的想法和愿望。第二个店铺是朗读铺，志愿者黄红梅老师为小朋友们朗读了很多经典绘本，同时对现场小朋友的朗读进行了指导。第三个店铺是爱心领书铺，这里更是人满为患，同学们非常有次序地排成了长队，眼神是那样的期待，选择是那样的细致，毕竟拥有一本图画书也是同学们写在心愿墙上的一个小小的心愿。第四个店铺是头脑风暴铺，店铺里用彩纸挂满了谜语与知识问答题，小朋友们争先恐后答题兑奖，整个店铺挤满了人。第五个店铺是绘画铺，这个也是今年新增加的一个店铺，我们把画纸放在店铺前，小朋友们拿起各色各样的画笔扑在画纸前画着心中最喜爱的图案。

小朋友的兴趣爱好各不相同，每个铺子都深受大家的青睐，活动现场气氛十分活跃。14点整主会场音乐缓缓响起，表演者们跳起了"天使"的舞蹈，吹响了苗族木叶飞歌、铜管五重奏，省图书馆少儿部"布客小剧团"表演的儿童剧《丑小鸭》，把经典图书与戏剧表演结合起来，让小朋友从阅读转变到演出，通过一定的情节设计、音乐伴奏、人物扮演把整个故事讲述给大家。还有的小演员们扮演了其他经典图书中的人物，并穿着服装饰演哈利·波特、超人、蜘蛛侠、猫和老鼠、喜洋洋与灰太狼、三只小猪等人物。主会场精彩的表演一次次掀起了活动的高潮。

这些各具特色的店铺、丰富多彩的主题活动让现场的小朋友们穿梭在整个会场中，玩得不亦乐乎，16点活动在孩子们的欢声笑语和意犹未尽中圆满落幕。

（三）本阅读推广活动成效

1. 为丰富我省乡村少年儿童的社会文化生活开拓了新思路。此次活动水田镇中、小学约800名同学参与，是贵州省未成年社会文化公益活动的一大创举，得到省、市领导的关心与重视，得到社会各界和多个部门的大力支持和帮助，得到了广大社会群众的一致好评。同时，被贵阳市文明办选为将要重点打造的未成年人活动品牌。

2. 活动得到媒体的特别报道，取得了良好的社会效应。贵阳广播电视台作为活动主要承办方之一是活动宣传报道的主力军，该台对活动进行了全程现场直播，综合广播还开设了特别节目，《贵阳新闻联播》《直播贵阳》栏目对活动进行了报道。活动还得到了各级媒体的充分报道，据不完全统计，各媒体刊发和转载的报道超过40篇。其中：新华网贵州频道刊发了《农村娃的"世界读书日"》被中国政府网、科技网、中国江门网、青海经济信息网等网站转载；人民网贵州频道4月23日头条刊发《让乡村孩子分享阅读和音乐的快乐（组图）》，被中国未成年人网、凤凰网转载；中国网、新民网转载了《贵州日报》刊发的《第二届社区儿童图书音乐节"进乡村"》；金黔文化、金黔民生、贵州商报、《黔中早报》、《贵阳日报》、《贵阳晚报》等省、市传统媒体对活动都进行了报道并通过网络途径传播。各大媒体对活动的持续关注与报道，扩大了阅读推广活动的社会影响力。

（四）对本阅读推广案例的思考与展望

1. 对本次阅读推广案例的一些思考

第一，活动响应国家要求。活动策划切合我国《十二五规划纲要》的倡导，阅读向边远民族地区倾斜的政策，贴近农村，贴近群众，贴近生活，得到了广大人民群众的支持。第二，政府支持。2017年社区儿童图书音乐节在中天社区圆满落幕后，得到了社会一致好评，活动由各家单位共同出资举办；2018贵阳市文明办主动参与此次活动的组织策划，作为主办方之一出资10万元，为此次活动的顺利开展提供了保障与支持。活动还得到了水田镇政府、乌当区教育局和各政府部门的大力支持与帮助。第三，媒体有效宣传。有了政府的支持和倡导，多家媒体通力合作，对活动进行了深入积极有效的宣传报道。贵阳广播电视台作为活动的主办方之一，宣传报道问题得以顺利地解决，且公益性活动在媒体的参与和宣传下，知晓范围更广，影响力更大。第四，爱心团体加入。有了政府的支持，媒体的合作，这样的公益文化活动得到企业的认同，得到更多企业的关注与支持。贵阳市交响乐团也参与了活动的公益演出，为乡村的孩子们带来了一场交响乐普及音乐会，西南风图书有限公司为活动提供了部分奖品。第五，百名志愿者的积极参与。贵州大学明德学院红十字会与贵阳学院的志愿者协助此次活动顺利开展，以保证现场服务工作，现场秩序良好；由贵州省图书馆组建的《贵阳市社区儿童阅读共享项目》的布客志愿者团队，负责活动中阅读推广的工作，为活动开展提供了强有力的人员保障。

以上五个方面从不同的角度为活动顺利开展奠定了坚实的人力、物力和财力基础。

2. 阅读推广活动的回顾与展望

活动结束后，我们的策划组人员受邀做客贵阳广播电视台综合广播，回顾活动筹备过程中的点点滴滴和自己的心得体会。谈到活动中的许多有趣花絮我们忍俊不禁，有一位小朋友告诉她的老师："那一天是她长这么大以来最开心的一天。"听到小朋友们朴实的语言，回想起小朋友们开心爽朗的笑容，这一切的一切让我们倍感欣慰。此次社区儿童图书音乐节活动深受乡村少年儿童朋友们的喜爱，并得到当地学校社会的充分认同。鼓舞我们在今后的工作中，将更加努力地提高图书馆服务要求和质量，发挥图书馆社会公益组织的优势和特点，携手政府与媒体等多家单位，引领更多致力于公益事业的单位组织与个人参与少年儿童活动，从孩子的思维方式着手设计既贴近生活又是孩子们喜闻乐见的活动，让生长在不同环境的孩子们都能参与其中，享受音乐的快乐，体验阅读的乐趣，分享成长的趣味。

本次活动的圆满举行不仅提高了图书馆的知名度和美誉度，促进了图书馆的创新服务方式，增强了图书馆的服务质量，拓展了图书馆的活动阵地和活动范围，还为大众文化与公共服务的融合提供了一个更为广阔和崭新的平台。我们希望将此类公益活动做成具有一定规模性、规范性、可持续性的活动。

阅读推广工作是一项需要长期持续坚持开展的工作，需要图书馆人的努力奉献，也要靠社会的关心和关注，只有全社会的共同关心和关注，才能提高社会对阅读的重视和参与，阅读推广要从未成年人抓起，与时俱进，开展富有时代特色和符合少年儿童身心特点的阅读活动，从而提高我们国家的全民阅读水平，提升人口的综合文化素质。

（五）活动照片

主会场

活动现场

省图书馆书记王曼致辞

主持人现场互动

小朋友积极参与上台互动

项目活动篇

小朋友积极当指挥 　　　　　　　　　讲故事

丑小鸭 　　　　　　　　　　　　　丑小鸭变白天鹅

超人 　　　　　　　　　　　　　　大灰狼

三只小猪 　　　　　　　　　　　　愤怒的小鸟

125

阅读推广文化志愿服务——贵州公共图书馆特色文化志愿服务研究案例选粹

铜管五重奏 　　　　　　　　　　　　　苗族木叶飞歌

八个卡通小铺

许愿墙 　　　　　　　　　　　　　　　经典朗读铺

头脑风暴铺 　　　　　　　　　　　　　手工书签铺

绘画铺 　　　　　　　　　　　　　　　爱心领书铺

项目活动篇

心灵鸡汤铺 　　　　　　　　　　盖章兑奖

精彩瞬间

《弟子规》朗诵 　　　　　　　　认真做书签

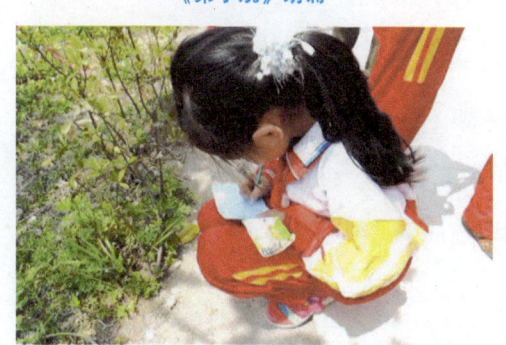

偷偷写心愿 　　　　　　　　　　我们在绘画

一起做游戏 　　　　　　　　　　为小演员化妆

127

一群活泼的老鼠　　　　　　　　　　　　　辛苦的摄影师们

小演员与水田小学同学合影　　　　　　　　志愿者合影留念

社区儿童图书音乐节获奖证书

贵阳市社区儿童阅读共享项目

吴 捷 （贵州省图书馆，贵州 贵阳 550004）

（在 2013 年中国图书馆年会上，贵州省图书馆申报的《贵阳市社区儿童阅读共享项目》阅读推广案例，在全国各图书馆申报的 100 多个案例中脱颖而出，获中国图书馆学会主办、中国图书馆学会阅读推广委员会社区与乡村阅读委员会承办的"2013 年社区乡镇阅读推广活动优秀案例最佳案例奖"。）

贵州省图书馆与香港乐施会共同开展的《贵阳市社区儿童阅读共享项目》（项目编号 CHN-A0095-01-1112A-K），起始时间为 2011 年 6 月至 2012 年 12 月，项目由香港乐施会投入人民币 149 078 元，其重点是关注城市流动儿童，组建开展阅读共享项目工作的项目组及核心志愿者服务团队，以贵州省图书馆少儿部为试验点探索儿童阅读共享及推广的范式，整合资源，推动作为公共教育重要途径的图书馆阅读资源均衡分布，让流动儿童从阅读中受益，实现以阅读塑造健康品格，以教育促进社会平等和谐。

项目主要合作伙伴：贵州省图书馆、香港乐施会。项目支持合作伙伴：共青团贵阳市委、贵阳市文明办、龙岗春晖学校、筑东大兴学校、华艺学校、曙光小学、黔春小学、宏宇小学、中南社区，以及贵州大学明德学院红十字会、贵州师范大学求是学院晨曦社、其他高校志愿者、贵阳义工联盟社区志愿者。

1. 活动背景

贵阳市全市行政区域总面积 8 034 平方千米，耕地面积 1 030 平方千米，辖 6 个区，3 个县，1 个县级市，30 个镇。贵州统计年鉴 2007 统计：贵阳市打工子弟学校 118 所。市内已有 11.5 万名外来务工子女，其中，70% 来自省内，30% 来自外省；39% 的农民工子女在公办学校就读，61% 的农民工子女在民办学校就读。现贵阳市的流动人口还有增多的趋势。贵阳市城郊地区生活着来自各个地区、不同民族、不同经济状况、不同教育程度的人们。外来人口的诸多问题中以务工子女（即农民工子女）的教育问题尤为突出，由于父母常年以务工为主，很少有时间在家照顾和教育子女，无法实现亲子阅读，加之农民工子女学校的硬件、软件水平相对落后，可供课外阅读的书籍相对较少，因此，作为重要的社会文化教育组织，公共图书馆应帮助他们享受到阅读的机会，培养良好的阅读能力，提高个人素养，更好地融入城市社会生活。贵州省图书馆少儿部成立后，我们认识到在开展社区儿童阅读工作方面存在以下问题：

● 儿童阅读服务受众面广，但公共图书馆人力、物力等资源有限，公共图书馆资源远不能满足社区儿童的要求。贵州省图书馆少年儿童借阅室2009年开放，从2010年开始增加对绘本的采购，但到2018年绘本不足1 000册。现各省图书馆比较重视绘本的资源建设，如2009年成立的叮咚绘本馆设在天津市青少年活动中心，馆内绘本藏书量在2009年时已达6 000余册。有些地区出现了专营绘本的书店，如蒲蒲兰绘本馆；有些城市出现了会员制的绘本馆；发达地区的图书馆，如广东、深圳、上海、天津、杭州等地的图书馆利用绘本开展了卓有成效的儿童阅读活动：2010年广州市举办了第四届"在阅读中成长"——广州市青少年阅读系列活动之"青少年绘本制作大赛"，2010浙江省公共图书馆、中小学图书馆绘本阅读推广专题讲座等等，我们希望能借助社会公益机构的协助，让经济欠发达地区的儿童，特别是流动儿童也能享受到阅读绘本的乐趣与益处，利用绘本开展儿童阅读推广工作，使这项工作更加行之有效，帮助儿童提高阅读能力、兴趣，使他们的情商、智商健康发展。

● 由于公众对公共图书馆的认识和了解不足使得公共图书馆的资源未能充分发挥作用，尤其是流动儿童更少懂得利用公共图书馆，未能享受到社会的这一公益资源。

● 在阅读之余儿童素质教育的重要性已为公众所关注。父母是孩子最好的老师，孩子对于阅读的兴趣在很大程度上取决于家长，因此要加大力度在社区开展儿童阅读推广与共享的活动，以父母的力量推动儿童阅读，充分调动家长和孩子的阅读积极性。但我们也关注到一些特殊群体的家长没有能力或精力开展这项活动。

● 贵州省图书馆开展儿童阅读服务工作时间不长，因此在进行儿童阅读推广时会受到专业知识、实践经验不足等的限制，团队的专业能力与素质有待提高。

● 由于资金不足，并缺少规范的志愿者服务机制，公共图书馆的志愿者儿童阅读服务工作的可持续性难以得到保障。

贵阳市的儿童阅读共享项目在此背景之下提出，我们希望能与社会爱心团体及各界人士合作，共同为贵阳市社区儿童的共享阅读而努力。

2. 项目活动概况

项目工作总体情况：利用项目资金在流动儿童学校建成了3个"布客书屋"（布客书

屋为贵州省图书馆整合社会资源建设的公益性图书室，现已建成 14 个），开展阅读推广主题活动 12 次，在项目点班级开展阅读推广活动 57 场次，直接受益人数超过 3 000 人。

2.1 项目管理工作

2011 年 1~6 月贵州省图书馆成立项目组，完成项目建议书的调研、撰写与完善，向合作伙伴乐施会提交项目书。2011 年 6 月项目书获批，项目时间 2011 年 6 月~2012 年 12 月，在此期间按乐施会要求贵州省图书馆定期撰写项目进度报告、财务报告，2012 年 12 月提交项目总结报告，之后进行项目总结评估、优秀志愿者表彰、项目财务审计，最后关闭项目。

2.2 项目团队建设工作

2011 年 1 月成立以贵州省图书馆党委书记王曼为项目负责人、少儿部为项目组成员的管理团队，2011 年 8~11 月向社会招募志愿者团队，2011 年 11 月贵州省图书馆举办为期三天的《贵阳市社区儿童阅读共享项目》阅读工作坊会议，来自龙岗春晖学校等五所农民工学校的老师和社会其他爱心志愿者们共有 32 人参加了本次会议。此次工作坊会议对参加项目工作的志愿者进行阅读方面与项目内容相关的能力提升以及项目工作方案草案的制定，并在儿童阅读推广方面进行充分的经验交流和理论探讨。在项目进行期间参与培训的志愿者及管理团队分组召开三次项目小组会议，对阅读推广工作方法进行探讨，以提升团队能力，构建了一支由图书馆人、社会爱心志愿者共同组成的爱心志愿者阅读推广团队。

2.3 阅读推广工作

2011 年 6~11 月，通过共青团贵阳市委还有云岩区教育局推荐，项目人员实地考察调研定点。（原则：认同阅读对儿童教育健康发展理念，有固定的场所，确定在 3 至 5 年内不会被拆、迁、并校，以保证项目的延续性。）我们根据推荐情况实地调研 5 个点选择其中 3 个点：筑东大兴学校、龙岗春晖学校、华艺学校三所农民工子女学校，项目经费购买了近 5 000 册图书，由义工加工登记，每个学校各约 1 500 册图书。

2011 年 12 月~2012 年 12 月，项目团队在筑东大兴学校、龙岗春晖学校、华艺学校、黔春小学、曙光小学等五所流动儿童学校开展进班阅读推广活动 57 次，选择绘本故事，设计拓展互动活动，让流动儿童学校的孩子们享受阅读乐趣，提高阅读兴趣，培养阅读习惯（精选阅读活动案例见附件），在项目定点学校筑东大兴学校和黔春小学开展"一人一个图书馆"的活动，即每名学生可登记借出一本自己喜爱的图书，在当学期成为这本书的管理员，管理这本图书并与其他同学相互交换和借阅图书，做相关记录。该活动培养儿童爱护图书、阅读图书的习惯，并自主管理图书开展阅读。

其间，项目支持贵州省图书馆布客小剧团日常训练及公益活动，丰富少年儿童的精神文化生活，展示经典、体验经典，让更多的儿童群体可以参与并互相融入。2012年7~8月，贵州省图书馆与流动人口学校黔春小学、南明区残联共同组织了团队参加2012亚洲青年动漫大赛COSPLAY比赛，参赛队员共有15名，其中有流动人口子女3名，聋哑儿童1名。爱心志愿者刘弋轩老师编排、布客小剧团表演的《蓝精灵》，并取得了本次大赛A组第五名的好成绩。

2012年12月组织5个项目点学校54名师生参加公益文化一日游活动（贵阳公共文化资源：贵州省图书馆、贵州省博物馆、贵州省科技馆），通过公益文化一日游活动，加强流动儿童对当地公共文化资源的认知和利用，可以更好地利用公共文化资源。

2.4 传播倡导

2012年1月~2012年12月创建"阅读推广布客志愿者"QQ群，在新浪网创建"贵州布客志愿者"博客，撰写活动预告、通讯、报道总结，通过图书馆公共开放空间、贵州省图书馆官方网站、QQ群、《贵州省图书馆馆情通报》等宣传报道项目工作。项目组成员撰写相关研究论文，参加图书馆界的学术交流。与社会媒体保持良好沟通，提供相关信息对项目工作进行宣传，多家媒体给予宣传报道。

3. 活动成效

3.1 探索经济欠发达地区开展阅读服务模式

此项目是贵州省图书馆与NGO组织合作开展特殊群体阅读推广工作的一个案例，整合社会多方的资源，是对经济欠发达地区，公共图书馆如何开展阅读推广服务工作的积极探索。

3.2 改善项目点学校流动儿童的阅读条件

在筑东大兴学校、龙岗春晖学校、华艺学校建成3个服务于流动人口子女学校的图书室。项目建成的布客书屋极大程度地方便服务流动人口子女，让3 070名流动儿童的阅读条件得以改善，学校、家庭、孩子对阅读的认识趋向认同，重视程度提高。

3.3 建成一支阅读推广项目团队

建立了一支由项目人员、项目顾问团、农民工子女学校老师、社会志愿者组织及爱心志愿者组成阅读推广项目团队。通过阅读工作坊培训，项目顾问指导，互动交流等形式，提升了项目团队的凝聚力、协作能力、项目执行管理能力和阅读推广能力。

3.4 通过阅读陪伴，提升孩子的阅读能力

项目期内在 5 所流动儿童学校开展班级阅读推广活动 57 次，直接受益人群超过 3 000 人，阅读兴趣持续开展，阅读氛围明显。阅读推广班级学生的语文成绩有显著增加。在对筑东大兴学校项目点班级四（一）班的语文成绩在项目进行一学期后调查表明，93% 的同学语文成绩均有不同程度的提升。因此阅读活动对孩子的学习有积极的促进。

"一人一个图书室"活动在试点学校有效减少项目点学校老师工作量，促进儿童阅读自我管理和团队协作；"公益文化一日游"引导项目点儿童认识利用公共文化资源，了解自己文化权利，受到项目点学校孩子的欢迎。多种阅读推广活动提升流动儿童阅读兴趣。

3.5 图书馆常规活动中纳入本项目支持，服务力度得以加强

如贵州省布客小剧团的排练与表演，在专业老师的指导下，表演的节目更趋成熟，而且在农民工子女学校也成立了小剧团，排演了童话剧《犟龟》，通过教育戏剧的方式让孩子们从中受益，社区儿童联欢会为更多孩子提供平台。

3.6 项目得到社会各界支持，被媒体数次报道，充分运用自媒体，提高公众对项目的知晓度和参与度

政府相关部门指导：2011 年项目建点工作得到共青团贵阳市委指导，在三所项目点布客书屋授牌仪式上，共青团贵阳市委副书记陈东到场指导工作；2012 年项目中期工作研讨会，贵阳市文明办未成年人处处长莫芸，共青团贵阳市委学校部部长赵莉萍到场指导工作，对项目工作给予肯定和鼓励。

与其他 NGO 组织交流合作：少儿部周媛老师受贵阳市众益志愿者服务发展中心邀请，参加第九期贵州民间公益行动者的分享沙龙，在题为《图书馆的公益人们》的讲述中介绍《贵阳市社区儿童阅读共享项目》的志愿者们；邀请"向阳花书屋"发起人邓祺先生参加项目中期研讨会，就一些领域达成公益活动合作意向，参加 2012 "教育与文化重建——2012 年新教育国际高峰论坛"，与注重阅读的新教育团队达成能力建设合作意向。在全国

文明城市的贵阳，政府十分关注开展志愿者服务，在第一期项目中，文明办负责人曾数次参与该项目活动，认为该项目较好的结合了未成年人工作、阅读、志愿者服务三个关键点。

2013年4月人民网记者将阅读推广志愿者刘雪飞老师、周萍老师的事迹制成视频在人民网宣传报道。

（http：//gz.people.com.cn/n/2013/0305/c222162-18248781.html）

（http：//gy.wenming.cn/zt/2013zyz/zyzfc/201303/t20130305_543420.shtml）

2013年6月由贵阳市文明办、贵阳文明网、腾讯网、贵阳新闻网共同举办的《贵阳市"关注未成年人社区儿童阅读共享"微沙龙》，邀请《贵阳市社区儿童阅读共享项目》项目组织者、参与者和亲历者的代表，共话少儿阅读推广的话题。还在腾讯微博同步开设了"让阅读放飞梦想"专门话题，很多网友关注并参与讨论。

《贵阳市社区儿童阅读共享项目》活动图片

- 团队建设工作

阅读工作坊全体人员　　　　　　　　给项目顾问颁发证书

互动交流　　　　　　　　专家培训

项目活动篇

选点调研　　　　　　　　　　　　分组制定方案

● 阅读推广工作传播倡导

中期工作研讨会　　　　　　　　　流动人口学校布客书屋授牌

布客小剧团参加亚洲青年动漫 COSPLAY 比赛　　　　　公益文化一日游

135

周琦介绍贵州省图书馆 　　　　　　　　　周媛讲述《春神跳舞的森林》

黄瑾老师带孩子们进入他们没经历过的阅读 　　　黄河在曙光小学讲《图书馆的狮子》

贵州民大志愿者潘建平分享自己的《勇气》 　　　刘艳红做阅读指导

张馨月做阅读指导 　　　　　　　　　　邓天刚讲故事

项目活动篇

邓柯讲故事

贵州民大志愿者潘建平分享自己的《勇气》

黄河在曙光小学讲《图书馆的狮子》

筑东大兴学校家长日阅读推广活动

志愿者刘弋轩老师上表演课

志愿者胡家平阅读课后和黔春小学的同学们

杨燕给孩子们讲故事

香港乐施会唐康先生就布客书屋提出自己的看法

137

李艾莲在曙光小学 为同学们介绍贵州省图书馆 　　　　　　吴捷讲述《懒奥西》

王骏老师做《小黄和小蓝》导读 　　　　　　　　　　王佳青讲故事

荣誉证书
HONORARY CREDENTIAL

贵州省图书馆：

　　在"2013年社区乡镇阅读推广活动优秀案例征集"活动中，贵馆选送的"社区儿童阅读共享项目"荣获 **最佳案例奖**。

　　特发此证，以资鼓励。

中国图书馆学会
二〇一三年九月

社区儿童阅读共享项目获奖证书

"越读越精彩"贵阳市社区少儿阅读推广活动

王 骏 （贵州省图书馆，贵州 贵阳 550004）

（此案例获得出版界图书馆界全民阅读年会2014"全民阅读案例征集与评选"案例评比二等奖）

一、活动背景

公共图书馆作为社会公益文化体系的中坚力量，开展全民阅读推广是公共图书馆的重要任务。贵州省图书馆作为公共文化服务机构，不断探索尝试阅读推广活动的开展，特别注重儿童阅读的开展。近年来，贵州省图书馆多次与政府机关、社会组织联合开展少儿阅读推广系列活动，服务覆盖面广，受益人群众多，产生了良好的社会效益。我们广泛吸纳来自社会各界的爱心人士，组建了一支具有相当水平的少儿阅读推广服务志愿者服务团队。2013年受贵阳市文明办的邀请，按照全国未成年人思想道德建设测评体系要求，贵州省图书馆少儿部精心策划了"越读越精彩——贵阳市社区少儿阅读推广活动项目"，由贵州省图书馆、贵阳市（区、县）文明办、相关社区联合开展，由"布客阅读推广志愿者团队"实施以绘本阅读为主线的社区儿童阅读推广活动，有力地推动了贵阳市儿童阅读推广工作。

二、活动内容

2013年8月至12月期间，"布客阅读推广志愿者团队"到贵阳市22个未成年人思想道德建设示范点社区进行少儿阅读推广活动，倡导快乐阅读、亲子阅读、丰富社区儿童精神文化生活，参与的儿童及家长共约1 000人。

- 活动调研：2013年6月进入示范点社区实地调研，考察所在社区阅读推广活动的硬件（设备设施）和软件（活动开展基础及过往开展活动情况）；
- 活动方案设计：2013年6月策划总体活动实施方案；

● 宣传品设计：2013年7月设计阅读推广活动宣传品，制作儿童分级阅读推荐精美宣传手册；

● 活动宣传：2013年6~7月活动宣传通过志愿者招募海报、QQ群、纸媒及广播对社会公众宣传；通过市文明办下文至各社区，由社区向辖区内居民宣传；

● 活动开展：2013年7~11月，联系社区，统筹规划与示范点社区对接，根据各个社区的不同情况及要求，根据社区受众实际情况，精心策划当次阅读推广活动方案，合理统筹规划，安排推广活动的实施时间并联系志愿者参与，开展阅读推广活动，并收集活动资料；

● 活动总结：2013年12月对活动进行梳理，整理活动资料，总结撰写工作总结报告，反馈给相关单位。

以下是整个活动的主题及阅读拓展活动的统计。

阅读推广活动统计表

时间	社区	活动主题	绘本故事	阅读拓展
8月1日	贵阳市中南社区	为父母写本书	《我妈妈》	手工书制作
8月13日	贵阳市水口寺社区	放飞梦想，剪彩未来	《花婆婆》	制作剪纸画
8月14日	贵阳市新华社区	小动物，大智慧	《和乌鸦做邻居》	书写感悟
8月22日	贵阳市西湖社区	书乡寻梦	《大脚丫跳芭蕾》	分享梦想
8月28日	贵阳市沙南社区	朗读的魅力	《威尼斯商人》	诵读绘本
8月29日	贵阳市顺新社区	播撒梦想，让世界更美	《鸭子骑车记》	制作剪纸画
8月30日	贵阳市清浦社区	我的安全我做主	《警官巴克尔和警犬葛瑞雅》	设计安全警示签
9月4日	贵阳市世纪城社区	"梦想有多大，舞台就有多大"	《如果你想当总统》	情景模拟竞选总统
9月5日	开阳县南山社区	你可以成为作家	《约瑟夫有件旧外套》	手工书制作
9月13日	贵阳市中华社区	我有一个梦想	《大脚丫跳芭蕾》	模拟新闻发布会
9月17日	贵阳市明珠社区	我有一个梦想	《大脚丫跳芭蕾》	模拟新闻发布会
9月17日	贵阳市省府社区	一定会有办法的	《约瑟夫有件旧外套》	制作手工书签
10月11日	贵阳市红云社区	逃不掉的爱	《逃家小兔》	情景模拟
10月20日	清镇市百花社区	我有一个梦想	《大脚丫跳芭蕾》	情景模拟
10月21日	贵阳市创新社区	我有一个梦想	《大脚丫跳芭蕾》	模拟新闻发布会
10月26日	修文县龙岗社区	关于书的"书"	《图书馆老鼠》等	我们可以成为作家——我……的书
11月5日	息烽县新华社区	Team（团队）	《你不知道的三个朋友》	驿站传书
11月11日	贵阳市金华园社区	朋友	《你不知道的三个朋友》	驿站传书

续表

时间	社区	活动主题	绘本故事	阅读拓展
11月28日	贵阳市艳山红社区	诗意人生	近现代诗歌赏析	好诗大家诵
11月29日	贵阳市中环社区、市西社区、宅吉社区	书海畅游	《图书馆的狮子》《图书馆老鼠》	参观省图书馆

三、活动特色

1. 以绘本阅读为主线，突出阅读之趣

绘本是以图画的艺术技巧，以图像诠释主题、概念、情节、角色和情绪氛围的一种图书形式，适用于儿童阅读启蒙。活动以绘本阅读为主线，设计多种趣味活动，突出阅读之趣。

2. 打造阅读推广品牌："布客志愿者"

"布客志愿者"意思是一群喜爱读书的人，认同阅读对人的成长有积极促进作用。是贵州省图书馆少儿部精心打造的阅读推广人品牌，强调每个人都可以成为阅读推广的志愿者，只要推荐给别人一本好书，分享自己读书的感悟，一个好词好句，都可以成为阅读推广的志愿者，希望有更多的人加入我们的行列。

3. 图书馆使用教育与阅读推广相结合

针对很多市民对公共图书馆不了解的情况，此次活动把公共图书馆使用教育引入其中，让受众了解图书馆，学会如何使用这一免费的社会文化资源。

4. 志愿者服务纳入贵阳市志愿者管理体系

这次阅读推广活动，首次将贵州省图书馆的阅读推广志愿服务者纳入贵阳市志愿者管理体系，对阅读推广志愿者进行系统的规范化管理，参与贵阳市星级志愿者评比。

5. 参与式阅读推广模式

根据社区与受众的不同，设计不同主题和拓展，让不同层次的受众都能接受，吸纳和培养一些少年儿童作为阅读推广志愿者参与到我们的阅读推广活动中。为家长和孩子们提供0~16岁的阅读参考书目，向孩子赠送一本图书，并让孩子自选图书，实现孩子"我要读"的主动阅读心理，并鼓励大家做一个"布客志愿者"，把自己看过的图书和别的孩子互换阅读。

四、活动成效与影响

1. 阅读活动覆盖面广，宣传面广，得到多家媒体报道

此次活动覆盖整个贵阳市（含三县一市）范围，含22个未成年人思想道德建设示范

点社区，持续 4 个月。这是贵阳市一次大规模的社区亲子阅读推广活动，活动得到图书馆报、贵州都市报、贵阳晚报、贵阳电视台及多家网站的宣传报道，是对阅读推广的大力宣传。

2. 对社区开展阅读推广活动的积极倡导

此次活动在给孩子们带去阅读乐趣的同时也为社区带去一种社区服务方法和范式，在 2014 年贵阳市沙南社区、新华社区等多家社区依托社区图书室开展了丰富多彩的读书活动。

3. 吸引众多社会爱心人士参与服务

通过海报、QQ 群、纸媒及广播对社会公众宣传，吸引到众多社会爱心人士参与服务，有院校老师、医生护士、公司职员、高校学生等，汇集社会正能量。

4. 未成年人志愿者参与，从活动受益者成为活动参与者

此次阅读推广活动未成年人志愿者也可参与，这些未成年人志愿者都是省图书馆少儿部已在册的志愿者，在贵州省图书馆少儿部参与图书管理、活动协助等志愿服务工作，通过参与阅读推广志愿服务活动，在奉献中成长。

5. 系统开展公共图书馆用户教育，市民参与积极

在开展阅读推广活动的同时，我们还进行了公共图书馆用户教育，普及公共图书馆知识，让公众了解公共图书馆这种免费社会文化资源。通过我们图书馆知识的宣讲，一些市民在活动之后带着孩子到图书馆来办卡，成为我们的正式读者，还有的报名成为我们的"布客阅读推广志愿者"。这不仅是一次积极有效的亲子阅读推广活动，还是一次系统的公共图书馆用户教育活动。

6. 倡导快乐阅读、亲子阅读

此次活动中，我们引入了绘画、手工、音乐、情景模拟等丰富多彩的元素结合受众的群体，选择推广图书内容，并根据图书内容与受众的群体设计互动环节，让他们领略到阅读的乐趣。

清浦社区：志愿者李芊用中英文讲解+动画片的方式推广阅读

沙南社区：未成年人志愿者介绍《威尼斯商人》背景故事

项目活动篇

水口寺社区：省图书馆少儿部王骏展示剪纸画 　　顺新社区：省图书馆少儿部吴捷介绍图书馆知识

西湖社区：初中志愿者分享阅读心得 　　新华社区：刘雪飞讲述绘本《和乌鸦做邻居》

中南社区：省图书馆少儿部黄瑾讲述绘本《我妈妈》　　越读越精彩《贵阳市社区少儿阅读推广活动》获奖证书

新布客书屋儿童阅读推广服务项目

周媛　吴优优（贵州省图书馆，贵州 贵阳 550004）

（此案例获出版界图书馆界全民阅读年会2016"全民阅读案例征集与评选"案例评比一等奖）

"新布客"是贵州省图书馆精心塑造的儿童阅读推广公益文化服务品牌，由"新布客书屋""新布客儿童阅读推广志愿者""新布客绘本故事会"三个子品牌组合而成。"新布客书屋"是贵州省图书馆整合社会资源联合共建的公益儿童图书室，从2015年开始，以连锁概念规范新布客书屋的建设。每个书屋基本投入5万元，制定了统一标识、基本藏书书目、管理规范。

"新布客儿童阅读推广志愿者"，是我馆在2016年1月9日成立的一支专门从事儿童阅读推广的文化志愿服务特色队伍，专注儿童阅读推广公益活动的特色文化服务。

"新布客绘本故事会"，由新布客儿童阅读推广志愿者定期开展绘本故事讲述与阅读活动拓展，培养儿童阅读兴趣和习惯。

一、项目背景与宗旨

贵州省有50个国家级贫困县，留守儿童、流动儿童数量众多，公共图书馆少年儿童事业发展水平滞后，贫困地区小学图书室图书资源陈旧，图书数量少，图书质量差，图书类别比较单一，复本参差不齐。贵州省图书馆针对留守儿童等群体开展新布客书屋儿童阅读推广项目。

二、项目内容

"新布客书屋"内涵："新布客"的"新"代表"至乐读书·共享阅读"的阅读新理念，布客是英文BOOK的音译，标志设计为一个小孩坐在书上快乐读书，标志底色为温暖的橙黄色，象征阅读像阳光一样温暖人的心灵。新布客书屋以连锁书屋的形式统一管理，统一配置图书，并对书屋的管理人员进行统一培训，在图书管理、少儿活动开展方面给予专业指导，培训新布客儿童阅读推广志愿者，开展儿童阅读推广服务。

三、项目特色

以现代连锁运营理念塑造品牌，制定新布客书屋的资源配置原则、申请过程、合作协议等，积极向统一管理、统一标准规范的连锁服务方式发展，开展精准的群体服务。服务精准定位，与文化扶贫工作相结合，改善项目点儿童阅读状况。零复本配置图书的方法，尽可能为孩子们提供优秀的多品种的阅读资源。整合资源，联合共建，签署合作协议，让受赠方也参与到书屋的管理中来。学校项目点培训 20 名学生义务小馆员，助人自助，通过力所能及的服务让留守儿童感受到自我的社会存在感，有效改善管理人员不足的状况，持续有效地管理书屋。

四、活动成效与影响

经过 6 年的努力，在贵阳、遵义、六盘水等地区共建成 25 个新布客书屋，有效改善项目点儿童的阅读状况，直接受益人群约达 10 000 名少年儿童。发挥省级馆业务指导职能，推广服务，以此项目为平台，积极开展图书馆儿童服务工作的资源建设、阅读推广等服务的推广与示范。项目受社会认同，合作社会组织超过 30 家，有基金会、学校、媒体、学生社团、志愿者组织等，媒体宣传报道达 20 余次。

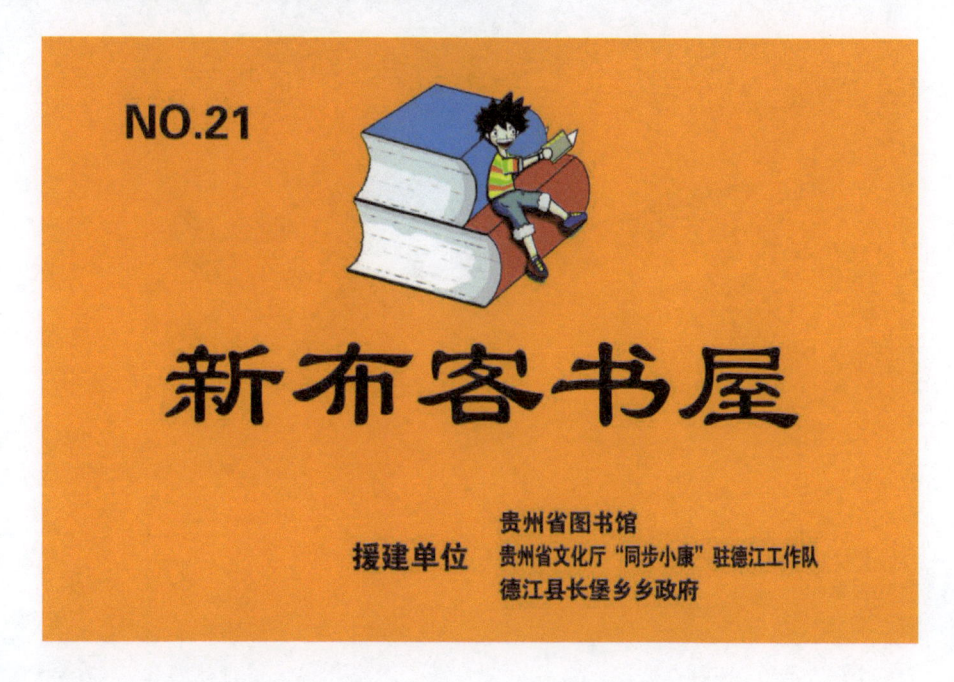

新布客书屋简介

新布客书屋定位
以贵州省图书馆为主体，整合社会资源，为少年儿童建设的公益图书室。倡导文化志愿服务，开展阅读推广工作，共建书香社会，是贵州省图书馆未成年人阅读推广的服务品牌。

新布客书屋含义
新——"至乐读书·共享阅读"新阅读理念。
布客——英文 BOOK 的音译，布客的标志隐含书的英文 BOOK 的缩写"BK"，标志中书的侧面像"B"，看书的小孩像字母"K"。
新布客——喜爱阅读，乐于和大家分享的人。
新布客书屋——喜爱阅读者的乐园。

新布客书屋的任务
◆ 从小养成和增强少年儿童的阅读习惯。
◆ 激发少年儿童的想象力和创造力。

至乐读书·共享阅读

新布客书屋温馨提示

● 求知本无涯，借还应有期
● 每人借一本，借期十五天
● 借了不归还，不可再借书
● 一人取一书，一心用一意，开卷多有益，阅后请归位
● 轻轻翻书，深深阅读，轻声慢步，儒雅风度
● 讲究卫生，爱护公物，若有损坏，原价赔偿

至乐读书·共享阅读

"新布客"注册 LOGO

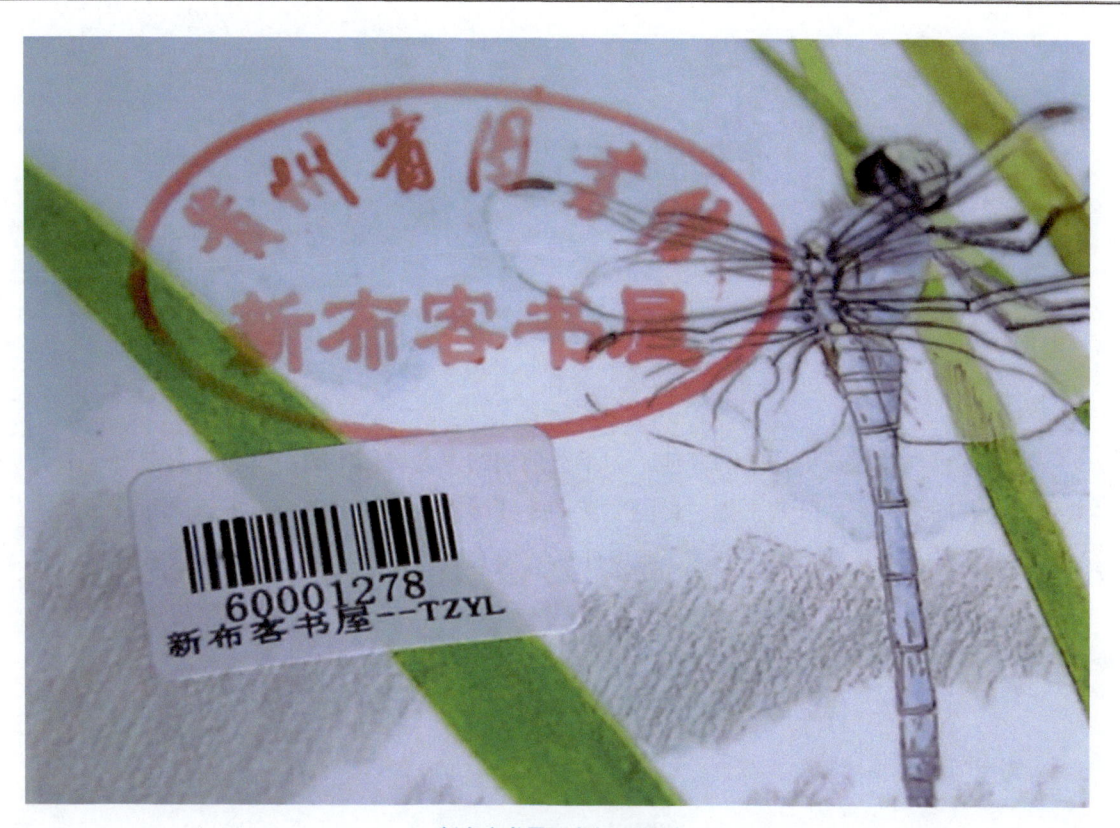

新布客书屋图书加工原则

公益文化一日游

活动组织者：王　骏　案例撰写人：王　骏、周　琦

流动儿童现成为一个特殊的群体。为丰富他们的课余文化生活，贵州省图书馆携手香港乐施会共同开展了"公益文化一日游"活动。此活动主要针对贵阳市五所民办流动儿童学校——龙港春晖小学、华艺学校、曙光小学、筑东大兴学校、黔春小学。这五所学校的43名品学兼优的学生在图书馆老师的陪同下参观贵州省图书馆、贵州省博物馆、贵州省科技馆，通过全面体验感受文化的博大精深。

一、活动前期准备

1．与校方对接参观人数，统计并登记好各校参与人数；
2．向博物馆、科技馆去函，对接参观时间及流程；
3．联系商务车；
4．制定文化一日游活动流程。

二、活动过程

1．上午10点整，参观人员走进"公益文化一日游"的第一站——贵州省博物馆。在讲解员的带领下，学生们参观了反映贵州历史的各种文物，了解了贵州土司文化，认识了奢香夫人，知道了贵州的世居少数民族种类，见识了少数民族服饰、习俗及居住特点。当讲解员问到谁知道贵州龙的时候，竟然有天真的童音回答是月饼，讲解员耐心的介绍过后，同学们才恍然大悟，原来博物馆的贵州龙是一种在贵州出土的恐龙化石。

项目活动篇

省博物馆老师详细地讲解

省图书馆老师给大家介绍图书馆知识

2. 小朋友们参观完博物馆后大开眼界，继续畅游第二站——贵州省图书馆。省图书馆老师从图书馆的建筑特色开始给小朋友们详细介绍，给大家介绍阅览室的职能、图书馆藏书的规则以及如何有效利用图书馆的资源。在少儿借阅室时，同学们了解了内阅图书和外借图书的区分，着重关注了电子阅览区的情况。两个小时的图书馆之旅，没有一个同学觉得累，个个兴致高昂。

大家合影留恋

3. 午餐时组织者将会实现同学们的一个梦想——吃西餐。很多同学是第一次吃西餐，老师们给同学们介绍了西餐的文化及用餐的方法，同学们尽情享受美味的同时也不忘感受文化的熏陶。

丰盛的午餐

4. 下午15:00"公益文化一日游"的第三站——贵州省科技馆，会弹钢琴的机器人、神奇的时空通道、太阳系模型等科技项目让同学们惊叹连连，被同学们喻为另一个梦想的4D电影——《虫虫总动员》把活动推上高潮。

脑洞大开

三、活动效果

　　公益文化一日游活动结束，随行的老师们纷纷表示这样的活动对孩子的成长帮助非常大，不但增长了学识，还拉近了他们与城市孩子的距离，让孩子们能更好地融入社会，希望今后能经常开展这样的活动。

安的种子
——2016 年贵阳市"社区儿童图书音乐节"绘本分享

故事主讲人：黄　瑾　案例撰写人：黄　瑾

1. 绘本适合阅读人群：5~100 岁
2. 绘本主题：哲理、人生、禅意
3. 故事时长：60 分钟
4. 准备材料：一颗种子、一串佛珠、《安的种子》大绘本
5. 故事会讲述步骤：

第一步：教师展示一颗种子、一串佛珠，引发幼儿对活动的好奇和兴趣。

（1）教师："小朋友你们看看，老师手里拿的是什么？（请幼儿猜一猜老师拿的是什么？）老师手里为什么要拿种子呢？（幼儿随意说）种子可以用来干什么？你们知道种子的成长需要一个什么样的过程吗？（请幼儿尝试着说一说种子的成长过程）"

（2）教师："大家听过从前有座山，山里有座庙这个故事吗？看看老师手上拿的是什么？对了，佛珠。有一座古庙里的老和尚收集了一些古莲的种子，他用种子做了什么呢？我们一起来看一看。

也请带着孩子来的各位大朋友们一起听听，这是一本令我们骄傲的原创优秀图画书。这一本出版于 6 年前的小小图画书，不仅仅风靡于今日之中国，而且走向了世界，令无数人震撼、感动，这究竟是为什么？"

第二步：绘本讲读

"大家首先来看看封面，看到了什么？"强调："看图画书应该从封面开始看，因为往往故事就是从封面开始的。封面也会暗藏着一些线索，引导读者情不自禁进入故事。"

"现在来看看这个：前环衬。看到了什么？很好，那，这究竟是谁的脚印呢？让我们一起沿着这两行脚印走进去……"

6. 故事会拓展活动：

互动游戏：给每人发放一颗无比珍贵的种子，请家长坐到自己孩子身边，伴随着舒缓的音乐所有人都慢慢闭上双眼，摊开手掌，等待老师发放礼物——超级珍贵的"种子"！老师及工作人员帮忙牵着孩子的手放在父母的掌心中，然后让孩子睁眼看"珍贵的种子"。

7. 相关主题阅读推荐图书：《石头汤》《禅的故事》

8. 活动温馨提示：

（1）注意在给孩子讲故事时除让他们观察画面、做出自己的判断，引导出一些适合孩子理解的哲理即可，无须灌输过多深刻的人生感悟。

（2）做好互动环节的预演准备，以免场面失控。

奥莉薇

故事主讲人：李韵楠　　案例撰写人：李艾莲

1. 绘本适合阅读人群：2~6 岁
2. 绘本主题：亲情
3. 故事时长：40 分钟
4. 准备材料：《奥莉薇》PPT 课件
5. 故事会讲述步骤：

第一步：导入多才多艺、鬼灵精怪的奥莉微，对任何事情都有自己的一套想法。而红色、黑色是属于奥莉薇的经典色彩，深受全世界各地大朋友小朋友的欢迎。下面，我来给小朋友们介绍一下这个美丽的主角吧！

第二步：故事讲述。故事一开始我们来认识下我们的主角奥莉薇。原来她是一只小猪，

她擅长很多事情，最拿手的一件事就是把人累昏，甚至常常把自己也累昏！她会涂妈妈的口红，穿上妈妈的高跟鞋照镜子，还会吓弟弟。要是出门，她还会把所有的衣服都拿出来穿一遍。晴天妈妈会带她去海边，她会把自己晒成一条大热狗；而下雨天，她则会去参观博物馆。

有一天，奥莉薇看着她最喜爱的一幅画，她突然幻想自己能成为一名芭蕾舞演员。不过有一张画她老是搞不懂，就是杰克逊·波拉克的《秋天的韵律30号》，她对妈妈说："这样的画，我大概只要五分钟，就可以画一幅一模一样的。"回到家里，她就真的在墙上画了起来。到了晚上睡觉时间，她会抱过来一大堆书，让妈妈给她讲故事，讲完故事后，妈妈会给奥莉薇一个吻："亲爱的，你知道你快把我累昏了吗？不过妈妈还是好爱你。"奥莉薇还给妈妈一个好长的吻，然后说："我也好爱你！"

6.故事会拓展活动：
（1）老师请同学上来表演，让自己亲身体验做故事主角奥莉薇。

（2）老师带领同学们一起做游戏：请同学们抬起我们的左手、右手，来感觉一下。

7. 相关主题推荐图书：

《奥莉薇和外星人弟弟》《奥莉薇的圣诞老人》《奥莉薇离家出走》《奥莉薇去做客》

8. 活动温馨提示：

读过《奥莉薇》的爸爸妈妈们，很容易有这样的同感：奥莉薇就是自家的小宝贝！封面一开始，我们看到了奥莉薇的全身正面形象，接着翻下去，奥莉薇的各种衣饰、装备展现在眼前，还有她的各种表情、动作，接着是她的家人。我们感觉奥莉薇已经变得越来越熟悉，形象也越来越丰满，可是回头想想，画家除了这些，别的几乎什么也没画。他甚至只用了黑、白、红三种颜色就完成了这一切。就这样，画家不可思议地将所有人的关注点聚焦于小奥莉薇身上，我们完全不必操心故事发生在何时、何地，而这，也使得孩子更自然地联想到自身。

猜猜我有多爱你
——阅读推广走进贵阳市小河区馨苑幼儿园

故事主讲人：黄瑾　案例撰写人：黄瑾

1. 绘本适合阅读人群：3~6 岁
2. 绘本主题：亲情、想象力
3. 故事时长：50 分钟
4. 准备材料：《猜猜我有多爱你》PPT 课件和立体绘本、小动物头套、Cosplay 服装。
5. 故事会讲述步骤：

第一步：热身活动互动游戏。首先请家长坐到孩子身后，亲子互动做手指操《五只小猴荡秋千》，之后播放儿歌《数星星》，自然进入大小兔子即将入睡的情境。

第二步:《猜猜我有多爱你》故事讲述

导入：指导幼儿首先观察 PPT 上故事封面，猜测大兔子和小兔子在做什么？小兔子拉着大兔子的耳朵是想说什么？

故事讲述：

（1）小兔子对妈妈说："妈妈，猜猜我有多爱你。"妈妈说："这我可猜不出来。"小兔子把手张开，张到无法再张开，说："妈妈，我爱你有这么多。"妈妈一看，也把手张开，张到无法再张开，说："我爱你有这么多。"小兔子一看，哦，真多啊！

（2）师：小兔子和妈妈为什么把手张得无法张开？你们当小兔子，家长当兔爸爸/妈妈。我们来比比，看谁的爱更多。这次小兔子的爱没有妈妈多，它又是怎么做的呢？我们接着来听。

（3）小兔子又用了哪两个动作来表达自己对妈妈爱的？做动作举高，一起举，小兔子除了举高还做了什么动作？（跳）一边跳还一边说了什么？全班一起跳，说：我跳得多高，我就有多爱你。看哪只小兔子最先跳回自己的座位，坐好了。我们接着听故事。

（4）小兔子用动作来表达自己的爱，小兔子实在想不出来啦，它看着远处的风景，忽然发现，眼前的景色好美呀，有哪些美景呢？幼儿说一说（路、山、草、小河、竹子等）。

（5）教师讲述结尾（音乐响起）：小兔子累了，看着月亮说："妈妈，我爱你一直到月亮那里。" 说完，小兔子就闭上了眼睛。妈妈微笑着轻声地说："傻孩子，我爱你一直到月亮那里，再从月亮上回到这。"

6. 故事会拓展活动：幼儿换上各种小动物服装，和家长互相表达对对方的爱，需使用所选动物的对应肢体语言和声音。

师：当你很爱、很爱一个人的时候，也许，你会想把这种感觉描述出来。可是，就像小兔子和大兔子发现的那样，爱，实在不是一件容易衡量的东西。变成各种小动物的孩子们，你们又会怎样表达自己对爸爸妈妈的爱？可以仿造绘本中的表达，更鼓励自创哦。

7. 相关主题阅读推荐图书：

《逃家小兔》《有一天》《停电以后》《先左脚，再右脚》

8. 活动温馨提示：

（1）在孩子们发挥创意时，无论描述得如何离谱、不合常规都不要简单否定。

（2）幼儿在换服装时有可能发生争执，教师要合理引导，并辅助脱换。

达芬奇想飞

故事主讲人：黄　河　案例撰写人：黄　河

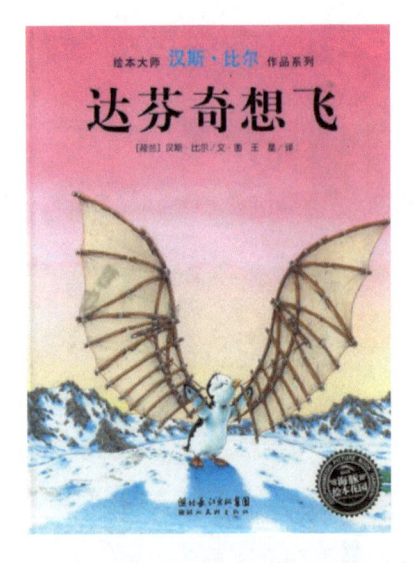

1. 绘本适合阅读人群：4~10 岁
2. 绘本主题：坚持梦想
3. 故事时长：45 分钟
4. 准备材料：《达芬奇想飞》PPT 课件
5. 故事会讲述步骤：

第一步：绘本故事的引入承前启后。刚过完春节，小朋友们都很开心吧？今年是猴年，祝各位小朋友聪明伶俐、大吉大利！主讲人自我介绍，提问小朋友们听过叔叔讲故事没有？好，今天由大河叔叔和大家共同分享一个有趣的故事。故事的主人翁的名字叫达芬奇。

他可不是那位画《蒙娜丽莎的微笑》的意大利大师，它是一只可爱的动物噢！它是什么呢？展示下面这些图片。

项目活动篇

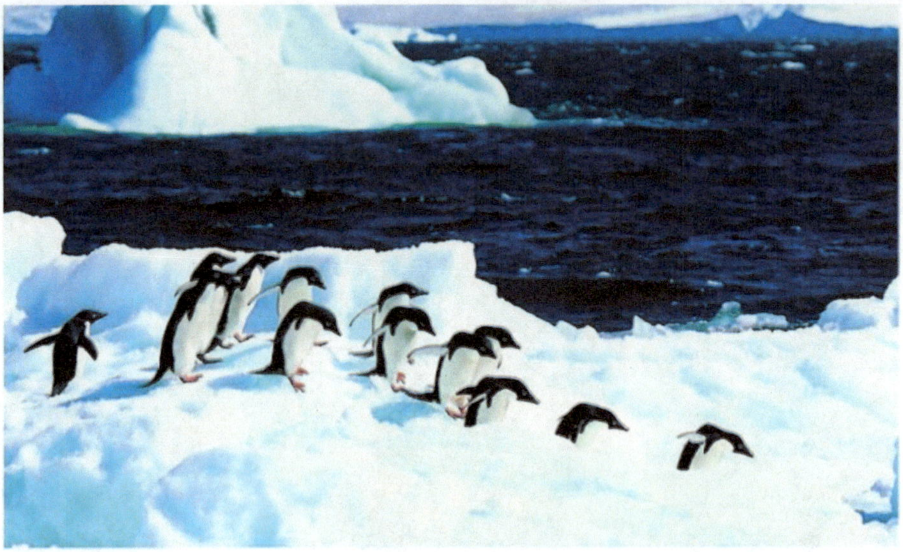

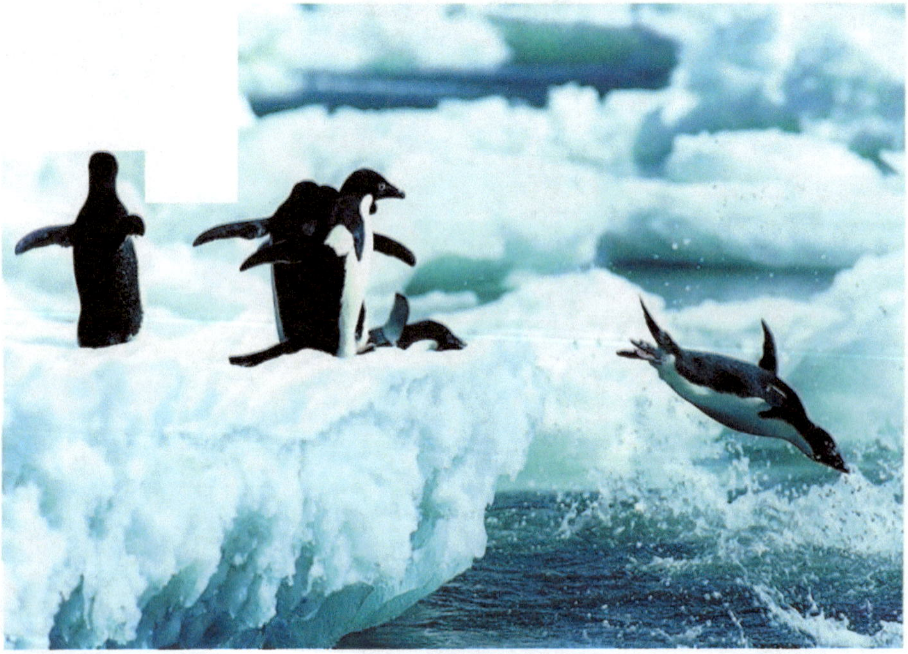

今天我们要讲述的就是它啦！

第二步：故事讲述

简单引导孩子们观察一下封面。对这双大翅膀，孩子们一定充满好奇，就让孩子们带着好奇心进入这个故事吧！

6. 故事会拓展活动：

（1）在讲述过程中，在一些特殊场景，尽量加入肢体语言，甚至是一些夸张的动作，这样更有趣。

（2）如果愿意尝试，在对话过程中，奥托的声音尽量和小奇的有所区别，达到一定的辨识度，这样会更生动。

（3）在下面的幻灯片中将讲述的具体建议进行了备注，请参考。

可以增加"啪"等摔下去的声音。

这个环节可以模仿螺旋桨的旋转声音和发动机的嘟嘟声，尽量渲染那种起飞前的氛围。

旁白：孩子们，有梦想，就会有希望，天上就会有一颗最亮的星星，指引你向着梦想前行！

旁白：向着梦想行动起来，梦想会离你越来越近。

7. 互动环节，说出梦想：

如果时间允许，先简单讲讲自己的梦想。主要是请小朋友们写下自己的梦想并逐一大声说出来。时间允许，可以请两三个小朋友谈谈他们自己的梦想。

旁白：放飞你们的梦想，实现你们的梦想。

旁白：你们会和小奇他们一样快乐！

旁白：孩子们，为了你们的梦想加油！让我们一起大声说："我们一定能实现我们的梦想！耶！"

8. 相关主题推荐图书:《我……有梦》《鼠小弟，长大以后做什么》《长颈鹿不会跳舞》《月亮之歌》等。

大脚丫跳芭蕾

故事主讲人：周 萍　案例撰写人：周 琦

1. 绘本适合阅读人群：4~10 岁
2. 绘本主题：坚持梦想
3. 故事时长：40 分钟
4. 准备材料：芭蕾舞视频、《大脚丫跳芭蕾》PPT 课件
5. 故事会讲述步骤：

第一步：导入、聊一聊小朋友们有什么自己最喜欢做的事情，坚持做了吗？自己有什么本领？可以请愿意的小朋友现场展示自己的本领。猜一猜封面人物有什么本领，引出绘本故事。

第二步：故事讲述

（1）贝琳达的问题

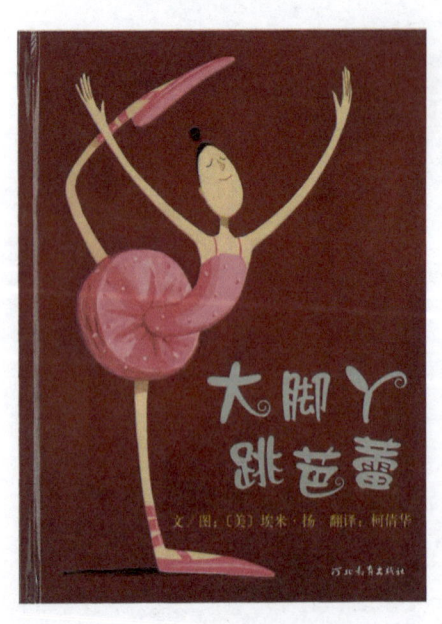

故事主人翁——贝琳达，她喜欢跳舞，每天去舞蹈学校认真地练舞。她跳舞的时候，姿态优雅，脚步轻巧灵活。可是，贝琳达有个大问题。仔细看图，猜猜看，她有什么大问题？什么地方比较特别？为什么脚大会是她的大问题呢？（提问方式）

（2）还没等贝琳达试跳，三个评审委员都说："回去吧，你那一双脚，永远也跳不好！"

贝琳达此时此刻的心情怎么样？画面上哪些地方可以看出贝琳达很难过？感受画面的灰色调，天灰蒙蒙的，让我们感受到了贝琳达的灰心难过；莲蓬头滴下的水滴仿佛是贝琳达伤心的眼泪。（感受画面）

贝琳达这么难过，你想对贝琳达说些什么呢？

（3）贝琳达的新工作

她决定放弃跳舞，寻找新的事做。贝琳达找到工作了吗？她在费莱迪餐厅找到了工作。费莱迪先生和餐厅里的客人喜欢她吗？是的，客人喜欢她，因为她动作快，脚步轻巧灵活。费莱迪先生也喜欢她，因为她做事很认真。

（4）贝琳达再次登上舞台。她在舞台上随着美妙的音乐翩翩起舞，找找评委席上有没有相同的三位评委，为什么他们的表情和之前截然相反呢？第一次选拔时，他们有没有看贝琳达表演？没有看表演，就说别人不适合跳舞，这样好不好？为什么不好？

贝琳达快乐极了，因为她可以跳舞，跳舞，一直跳舞。

积极参与互动

专心听课

6. 故事会拓展活动：（1）本领展示；（2）舞蹈欣赏。

7. 相关主题推荐图书：《大脚丫学芭蕾》《大脚丫游巴黎》《大脚丫和玻璃鞋》《我……有梦》《鼠小弟，长大以后做什么》《长颈鹿不会跳舞》《遮月亮的人》《达芬奇想飞》《天空在脚下》《小棕熊的梦》《蚯蚓的日记》《胡萝卜种子》

8. 活动温馨提示：让小朋友理解做自己喜欢的事会很开心，坚持不放弃梦想的信念

花婆婆

故事主讲人：马丽萍　案例撰写人：王　骏

1. 绘本适合阅读人群：4岁以上

2. 绘本主题：成长、感悟

3. 故事时长：30分钟

4. 准备材料：《花婆婆》课件、彩纸、安全剪刀、胶水、双面胶带、精美图书

5. 故事讲述步骤：

（1）导入：让孩子们介绍自己的爱好，引出大家对美丽的看法，告诉孩子们物质美和心灵美的区别和联系，鼓励孩子们说出自己认为美丽的事物，播放精美的画面让大家欣赏。

（2）讲述故事：①给孩子们展示绘本的封面，介绍作者；②故事讲述。

（3）提问环节：①艾丽丝答应了爷爷要做哪三件事？②艾丽丝怎么做到的第三件事？

6. 故事会拓展活动：

手工制作：教孩子们学会节约资源，用身边废旧不用的物品来制作自己认为美丽的作品。

7. 相关主题阅读推荐图书：

《小鸡鸡的故事》《我不知道我是谁》《你很特别》《毛头小鹰》《我也可以飞》。

8. 活动温馨提示：

（1）让孩子们懂得节约，学会利用身边的废旧物品，把它们变成全新的作品。

（2）让孩子们学会观察美丽的事物，学会坚持自己的想法。

绘本讲述　　　　　　　　　　　　　　　　发放手工材料

马丽萍老师示范手工制作　　　　　　　　个人成果展示

小队成果展示

I want my tooth

故事主讲人：王 琴 案例撰写人：王 琴

1. 绘本适合阅读人群（年龄段）：4~8岁（有无英文基础均可）
2. 绘本主题：换牙，成长的故事
3. 故事时长：60分钟
4. 准备的材料和工具：牙齿模型、魔法棒、硬币
5. 故事会讲述步骤：

Teaching material：I want my tooth（A little princesss story）
Teaching objects：
（1）Kids enjoy listening to the story and understand it guided by teacher telling.
（2）Kids know some common sense about growing of teeth.
Teaching aids：Kinderpower VCD 4a, PPT, some real teeth, a magic wood, some coins.
Age：From 4 to 8
Teaching procedures：
Step 1：Warm-up 10 min'
（1）Greeting
A（Introduction：Name, from, doing thing...）
B Weather, transpotation, parts of body

图1

图 2

（2）Song or chant *Head and shoulders*

图 3

（3）Game：Simon says："Touch your xxx"

Step 2：Presentation 35 min'

（1）Introduction：How many teeth have you got? Have you got a loose tooth? Would you like to show us? Where do you put your missing tooth? Do you want it back or not? Why?

图 4

（2）Before reading：Front cover

Question：Where will she find her missing tooth?

（3）Reading with PPT

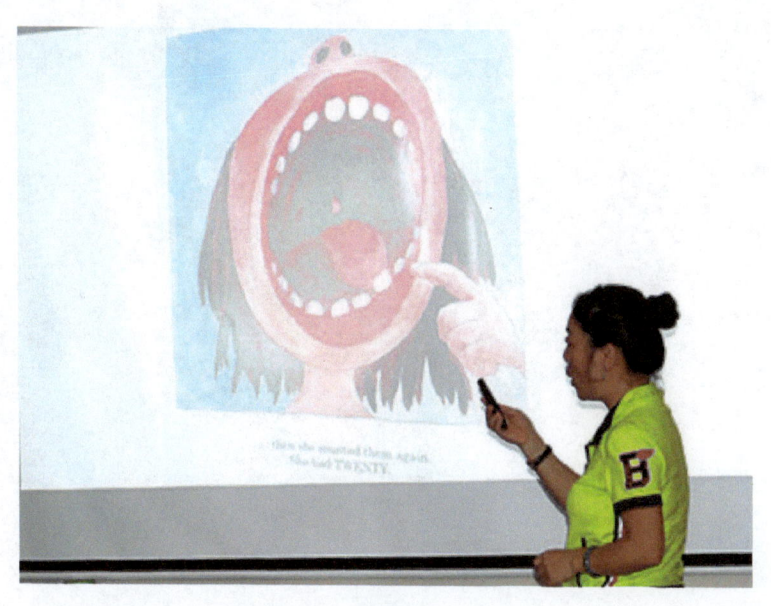

图 5

（4）After reading：

Questions：A. Has she got ten teeth?

B. Did she count and clean them every morning?

C. Did she like the dentist's teeth?

图 6

179

（5）Relaxing game：Baby/Adult teeth.

图 7

图 8

图9

6. 故事会拓展活动：

Thinking：

A. Do you think the missing tooth is really in her little brother's mouth?

B. Where will you put your loose tooth? Why?

Step 3：Production 15 min'

Do you know the tooth fairy who rewards the kid with a coin for the missing tooth? Would you like to see the real teeth?

图10

图 11

Watch cartoon *I had a loose tooth*

Would you want to get a coin?

图 12

Step 4：Tooth trivia *The magic school bus and the missing tooth*

1. What do teeth do ?

2. How many sets of teeth do people have?

3. How do teeth come?

4. What kind of different teeth do you know?

5. What else do you know about tooth?（ex. house, mouth, shark...）

图 13

7. 相关主题阅读推荐图书：

The magic schoolbus and the missing teeth

The missing tooth

8. 活动温馨提示：Don't let the kids eat the coins.

犟 龟
——阅读推广走进"布客书屋"项目点贵阳市花溪华艺学校

故事主讲人：潘建平　案例撰写人：黄 瑾

1. 绘本适合阅读人群：5~13 岁

2. 绘本主题：梦想、恒心、坚韧

3. 故事时长：60 分钟

4. 准备材料：绘本《犟龟》及 PPT，乌龟、蜘蛛、狮子等动物头套。

5. 选此绘本缘由：华艺学校是一个留守儿童居多的民办学校，孩子们在生活和学习中会遇到更多的难题，因此希望借由此绘本让孩子们感受到小龟陶陶意志坚定、不达目标决不言弃的精神。尽管在追寻理想的过程中，会遭遇讥讽、热情的挽留、不屑一顾的眼神……但他都一直坚信自己会成功。凭借它短小却结实的腿以及坚忍的意志克服重重障碍，经受不同考验，面对无数冷嘲热讽，才最终实现了自己的理想——参加了狮王的婚礼。犟龟是一个热情接受邀请的人，更是一个特别尊重自己决定的人。

6. 故事会讲述步骤：

第一步：导入，激发学习兴趣："同学们，我们先来猜个谜语：传说中有一种动物，它背起了宇宙大地；它是动物界中的老寿星；它还曾跟兔子赛跑。它是谁呢？"

对，同学们太厉害了！今天，让我们来认识一只特别的小乌龟。（展示纸质绘本封面）这只小乌龟特别在哪？（众答：犟）对，同学们真聪明，把这个字的读音"jiang（四声）"念对了。但"犟"是什么意思呢？大家看"犟"下面的偏旁，是"牛"。平时我们爱说，"某某真是牛脾气"，其实是说这人——（让学生解释"犟"的意义）。同学们也来谈谈自身"犟"的经历吧。

第二步：简单浏览一遍故事后将每四人组成一个学习小组，每个小组朗读后简评，并准备动物片段的对话表演，研究好该种动物的特点、劝阻内容和小乌龟的反应。

（1）蜘蛛。①分析蜘蛛特点：腿多、灵巧、不自信；傲慢，轻视小乌龟；②劝阻内容：路远，走得慢，婚礼两周后就要开始；③小乌龟的反应：决定不可改变；④出一道"心

185

灵地选择题"：当你被别人轻视时,你会怎么办？ a) 尽力与人争辩,心里不能存在一点委屈；b) 默默忍受,待时机成熟再打算。

（2）蜗牛。① 分析蜗牛特点：迷糊,懒,没精神,难过,不信任小乌龟；② 劝阻内容：方向走反；③ 小乌龟的反应：调转方向,为什么小乌龟没听蜘蛛的意见,却听了蜗牛的意见？这说明了什么？（乐于听从正确意见）——小乌龟调转方向,回家了吗？（回答：没有）,这说明他的决定仍是——（齐答——不可改变）；④ 做第二道"心灵选择题"：当你努力了很久,别人却告诉你,你之前的努力方向是错的,你会怎么办？ a) 改变方向,从头再来； b) 一个方向走到底,付出任何代价也不改变。

（3）壁虎 ① 分析壁虎特点：打瞌睡——懒,狮王高级官员——不负责任；② 劝阻内容：婚礼暂时取消；③ 小乌龟的反应：（齐答——我的决定是不可改变的）。

（4）乌鸦。① 分析乌鸦特点：闷闷不乐,穿着丧服；为什么？狮王去世；② 为什么让乌鸦来报丧而不选喜鹊？乌鸦是不吉利的象征；③ 小乌龟的反应（学生一起回答："我的决定是不可改变的"）；④ 做第三道"心灵选择题"：当你一直看不到成功的迹象时你会怎么办？

第三步：讨论，并请各组派出一名同学做小组发言。

（1）为什么其他动物没去婚礼，小乌龟却去成了？

（2）小乌龟的"犟"值得吗？你自己的生活和学习中，什么时候也需要这般的"犟"？

7．故事会拓展活动：将绘本故事排练成舞台剧，于该校六一儿童节公开演出。

8．相关主题阅读推荐图书：《天空在脚下》《遮月亮的人》《达芬奇想飞》《大脚丫学芭蕾》《花婆婆》。

9．活动温馨提示：学生分正反方展开辩论，教师总结，不做定论，在排练和演出前做好布景等相关工作。

187

懒奥西

故事主讲人：刘艳红　案例撰写人：刘艳红

1. 绘本适合阅读人群：3~8 岁
2. 绘本主题：情绪与品格
3. 故事时长：30 分钟
4. 准备的材料：《懒奥西》课件，大小颜色不一的彩纸，剪刀，胶棒，自制剧本
5. 故事会讲述步骤：

（1）导入：先引导学生，提出问题，带着问题听故事，看故事。懒惰是什么？

（2）通过课件形式讲述故事，讲述"奥西"这个小家伙有多懒。

6. 故事会拓展活动：开展"表演"活动，学生两两一组制作道具，进行角色扮演，一位学生在前面做动作，另一位学生在身后读剧本对话，还原故事情境。

7. 相关主题阅读推荐图书：《你感觉怎么样》《安的种子》《生气汤》

8. 活动温馨提示：奥西虽然很聪明，可是却十分的懒惰，那么再聪明也是没有用的，最后还是一事无成。在学习生活中，我们要既聪明又勤劳，才能学到真正的本领，才能取得好成绩。

项目活动篇

绘本讲述 　　　　　　　　　　　　　积极抢答提问

绘本讲述 　　　　　　　　　　　　　评委"多多"

表演小动物

魔法森林的夜晚

故事主讲人：刘艳红　案例撰写人：刘艳红

1. 绘本适合阅读人群：4~10 岁

2. 绘本主题：友善友爱

3. 故事时长：30 分钟

4. 准备的材料、工具：《魔法森林的夜晚》课件

5. 故事会讲述步骤：

（1）导入：先引导学生，提出问题，带着问题听故事、看故事。什么是魔法？

想象一下，有魔法的森林会是什么样子呢？

（2）封面上有许多的藤蔓、动物还有两个人，直接表现了这个故事发生的背景是在森林里。提问：森林里有什么啊？（让学生细致观察封面，并发挥自己的想象力）梅奥和雷奥，同样是驼背的两兄弟，同样在森林度过了一个夜晚，但是他们的身体发生了不同的变化，到底是为什么？引出故事的主题"善良的人总会得到上帝的眷顾"。故事中两兄弟不同的性格、不同的处事原则导致的结果也截然相反，善良的弟弟实现了愿望，治好了驼背，凶恶的哥哥却事与愿违，驼背更加严重。

6. 故事会拓展活动：分小组进行角色扮演，激发学生学习兴趣，锻炼学生敢于表现的能力。

7. 相关主题阅读推荐图书：《石头汤》《禅的故事》《尼古拉的三个问题》

8. 活动温馨提示：

（1）我们要做什么样的人呢？（2）我们在日常生活中应该怎么做呢？

项目活动篇

刘艳红讲述绘本

回答提问

分配情景模拟角色

绘本角色模拟

马克的零用钱

故事主讲人：鲁志荣　案例撰写人：鲁志荣　刘艳红

1. 绘本适合阅读人群：小学生及其家长（2年级以上最佳）

2. 绘本主题：数学知识、理财意识

3. 故事时长：40分钟

4. 准备材料：（1）可移动白板一块、马可和爸爸头像的手偶各一个、大统计图三张、大英文故事对话文字图一张；

（2）每个学生小统计表模板一张、"×"牌一个、"√"牌一个、多种彩笔共用；

（3）"数学帮帮忙"系列绘本故事书共阅。

5. 故事会讲述步骤：

第一步：导入

（1）教师与学生、家长相互问候；

（2）教师以提问"孩子零花钱情况"的方式来引出所讲述的故事。

第二步：呈现

（1）以手偶进行情景表演来讲述故事；

（2）以板书、图片等方式突出故事的关键点。

第三步：操练

（1）以角色扮演方式，让三名学生参与演出故事中的一个情节；

（2）以举"×"或"√"的方式，让全体学生参与到故事的互动环节。

6. 故事会拓展活动：

（1）效仿故事主人翁马可的方法，为争取零花钱，每人制作自己的条形统计图；

（2）制作"压岁钱使用情况"统计表并展示说明；

（3）模仿故事中对话，并结合自身的情况，孩子和家长上台进行情景表演；

（4）在老师引领下将故事改编成英文，孩子与家长可进行英文情景表演。

7.相关主题图书推荐：展示教师所讲故事的来源书籍，引导孩子和家长关注《数学帮帮忙》系列绘本故事书，向家长说明亲子阅读方法。"数学帮帮忙"系列全套共25册，分为"数字与运算""量与计量""图形与几何""探索规律"和"统计与概率"共五部分内容，几乎涵盖了小学阶段所有重要的数学知识。

8.温馨提示：

（1）让数学知识运用在生活之中（2~3年级数学知识点：归类整理数据；4~6年级数学知识点：统计图，其中4年级上开始学习条形统计图）；

（2）使孩子学会用恰当的方式表达自己的需求；

（3）使家长懂得如何回应孩子的诉求并引导孩子进行良性的沟通；

（4）培养理财意识；

（5）让孩子和家长体会到读书的乐趣和智慧。

你不知道的三个好朋友

故事主讲人：陈丹飞　　案例撰写人：王骏

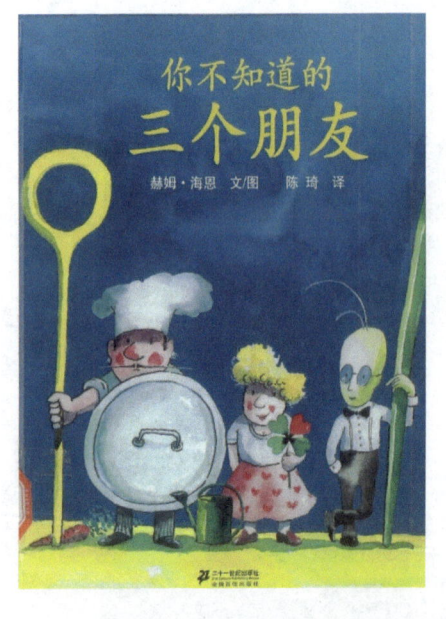

1. 绘本适合阅读人群：4~12 岁
2. 绘本主题：团队合作
3. 故事时长：30 分钟
4. 准备材料：《你不知道的三个好朋友》课件、纸张、笔、小礼物
5. 故事讲述步骤：

（1）导入：自我介绍，告诉孩子们他们的外号及由来，拉近彼此之间的距离感，然后问孩子们有没有好朋友，分享自己和朋友之间的故事。

（2）讲述故事：给孩子展示绘本的封面，介绍作者，提醒孩子故事讲述将要开始请认真听，阅读完毕我们会有提问，参与问答的同学将会拿到一份精美的小礼物。

（3）提问环节：这三个朋友分别住在哪里？脑教授的工作是什么？肚子先生的工作是什么？心小姐的工作是什么？如果这三个朋友中的一个生病了会出现什么情况？

（引导孩子们作答，给参与答题的孩子送上小礼物）

6. 故事会拓展活动：拓展游戏——驿站传书。按座位把同学们分为若干小队，每一队取一个队名，老师把一张写着数字的纸条给每队最后一个同学看，然后由后向前用肢体语言传递信息，传递过程中不能出声或者书写答案，最短时间内完成信息传递并说出正确数字的小队获胜。

7. 相关主题阅读推荐图书：《最好吃的蛋糕》《德沃夫爷爷的森林小屋》《好大的苹果》
8. 活动温馨提示：

（1）初步了解身体主要器官的作用和联系；

（2）初步学会团队协作，认识到 1+1 的几种不同答案。

自我介绍

手足并用

独特的小队名称

积极抢答

驿站传书

年除夕的故事

故事主讲人：朱丹 案例撰写人：周 琦

1. 绘本适合阅读人群：4~8 岁
2. 绘本主题：民俗故事、节日故事
3. 故事时长：50 分钟
4. 准备材料：毛笔、红纸、对联、《年初夕的故事》PPT 课件
5. 故事会讲述步骤：第一步：导入。提出有关过年的问题，例如：怎么过年，喜不喜欢过年等，从而引入主题。

第二步：故事讲述。在很久很久以前，有个可怕的怪兽名字叫夕，平时隐居深山，但是每到腊月三十那天，他就会跑出来，到附近村子里吃牲口、吃人。人们想了许多办法想把夕制服，可是都不管用。年年岁岁，牲口被夕吃没了，人也逐渐稀少了。后来老百姓忍无可忍，只好去求灶王爷。玉皇大帝派年随灶王一同下界除夕。

腊月三十，年和夕展开了一场大战，年拿出红绸子和竹筒，战胜了夕。为了纪念这件事，百姓们把腊月三十这一天叫作除夕，而把正月初一叫年。人们发现"夕"怕三种东西：红颜色、光、响声。渐渐地，民间有了过年的风俗，每年腊月三十，家家门上贴春联，放爆竹，穿新衣服庆祝，这样一代一代流传下来，就成了"过年"。

第三步：回顾人物夕和年，串联故事，讨论小朋友们家里的过年习俗。

6. 故事会拓展活动：

活动拓展（1）大家一起来写"福"；活动拓展（2）请一个小朋友上台现场书写，并讲解书写"福"字的笔顺；活动拓展（3）小朋友们现场拜年。

图1　小朋友们现场学习书法

图2　看看自己的福字

7.相关主题推荐图书:《团圆》《过年啦》《灶王爷》《灶王爷和灶王奶奶》《年》

8.活动温馨提示:控制场地的转场次序;观察小朋友们"福"字偏旁是否有误,可简单介绍偏旁的区别。

失落的一角
——阅读推广走进贵阳市第十一幼儿园

故事主讲人：黄 瑾 案例撰写人：黄 瑾

1. 绘本适合阅读人群：3~100岁
2. 绘本主题：人生与得失
3. 故事时长：30分钟
4. 准备材料：《失落的一角》绘本、相关图片、轻音乐，缺角的圆和失落的角卡片共20份
5. 活动目标：

（1）感受缺失一角的圆经历的艰苦与快乐，体会"追寻的过程有得有失，只要努力，必有所获"的道理，体悟故事丰富的寓意。

（2）学习有礼貌地与人交往，在交往过程中，体验追寻的过程，体会追寻的快乐。

6. 故事会讲述步骤：

第一步：绘本阅读，展示绘本封面及自制小道具。

（1）出示（缺角的圆），你觉得它是什么？师：一个圆，它缺了一角。那它快乐吗？（不快乐）为什么？（因为缺了一角，不完整）

（播放轻音乐）它决定动身去找它那失落的一角。它因为缺了一角，不能滚得很快，所以有时候会停下来跟小虫说说话；有时候闻闻花香；有时候和甲虫赛赛跑，一会儿它超过了甲虫，一会儿甲虫也超过了它。最快乐的，就是这样的时刻。提问：缺角的圆找到自己失落的一角了吗？（没有）

那它在寻找的过程中快乐吗？为什么？

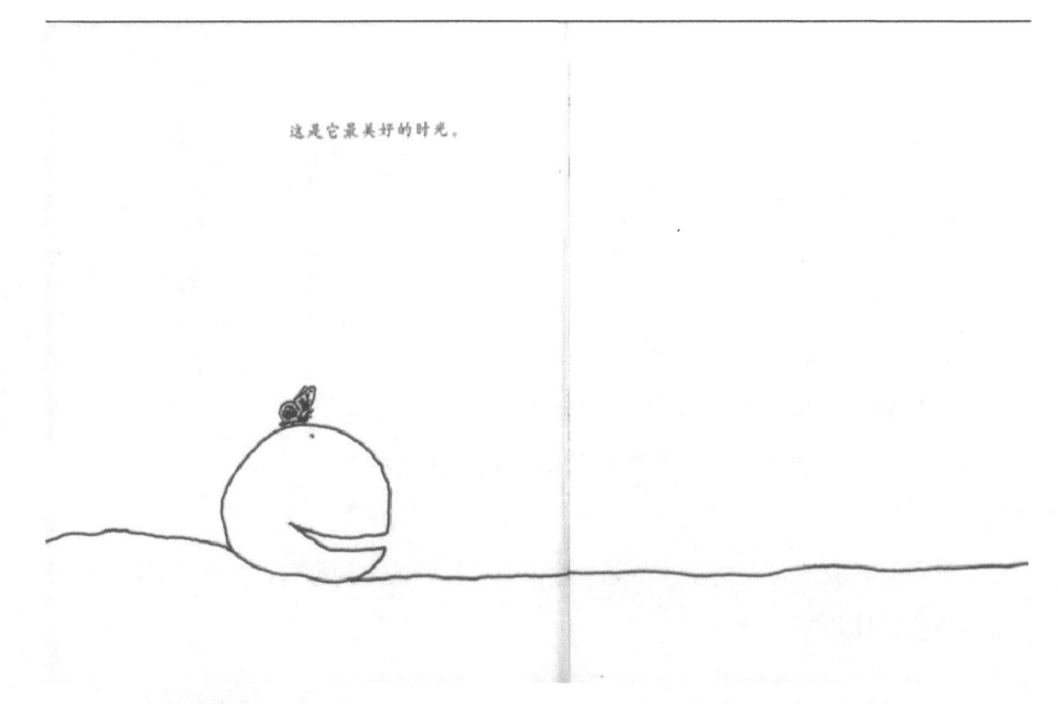

这是它最美好的时光。

（2）在寻找的路上，当然也有不顺心的时候，那它会遇到哪些不顺心的事？（个别幼儿说说）小结：有时候，它要忍受暴晒；有时候冰雪把它冻僵了；有时候漂洋过海；有时候翻越高山；有时候穿过沼泽和丛林。

第二步：情景对话，与人交往，体会追寻的快乐。

（1）缺角的圆碰到了这么多不顺心的事，好辛苦，那你们猜，它会放弃吗？缺角的圆继续前进，走遍天涯和海角，历经千辛万苦。直到有一天，它看到了。"嗨，你是我那失落的一角吗？""哦，太小了！""对不起，打扰了！"偶然，又碰到了一角（太大），猜猜它们会怎么说？（个别幼儿讲述，师幼互动）

（2）偶然又碰到一角（太长），猜猜它们会怎么说？（个别幼儿对话）缺角的圆："嗨，你是我那失落的一角吗？"失落的一角："哦，太长了！"缺角的圆："对不起，打扰了！"

第三步：绘本阅读，体悟丰富寓意，"在追寻的过程中有得，有失，只要努力，就好。"

缺角的圆终于找到了它那失落的一角。它向前滚动，因为不再缺少什么，所以越滚越快，（增添变圆后的好处）从来没有滚过这么快。快得停不下来，不能跟小虫说说话，也不能闻闻花香，快得蝴蝶不能在它身上落脚。"我懂了。"它想。"这里头有点道理。"它停了下来。轻轻地把那一角放下，从容地走开。

师：有什么问题需要问吗？缺角的圆走遍天涯和海角，历经千辛万苦，总算找到它那失落的一角，为什么又放弃了呢？（不能跟小虫说说话，不能闻闻花香……）师：如果你是缺角的圆，你会不会放弃？为什么？师：是啊，我们自己就像缺角的圆一样，在寻找的过程中可能会得到很多，也可能会失去很多。知道吗？老师也一直在努力地寻找我那失落的一角，知道老师追寻的"一角"是什么吗？我一直在追寻如何让我们每一小朋友都变得很能干，来，说说你正追寻的"一角"是什么？（个别）师：有目标，真好！在追寻的路上，会有开心的事，当然也会有不顺心的事发生，你准备怎么做？

7. 故事会拓展活动：

"小朋友们，你们也想来找自己失落的一角吗？"全班每个幼儿随机发放一张事先裁剪好的卡片（一个缺角的圆或失落的角），分头寻找失落的一角，找到的两个小朋友坐在一起。

"都找到了吗？一次找到的请举手。你找了几次？""在寻找的过程中，发生了什么有趣的事？心情怎样？"

8. 相关主题阅读推荐图书：谢尔·希尔弗斯坦的其他作品《阁楼上的光》《一只会开枪的狮子》《什么都要有》《失落的一角遇见大圆》。

9. 活动温馨提示：提醒孩子们在寻找的时候要有礼貌地询问和回答，可给出示范。

神奇飞书

故事主讲人：周 媛　案例撰写人：吴优优

1. 绘本适合阅读年龄段：9~12 岁
2. 绘本主题：阅读带来的成长和喜悦
3. 故事时长：1 个小时
4. 准备的材料：《神奇飞书》绘本 1 本，《神奇飞书》PPT，《神奇飞书》动画短片，介绍使用图书馆的 PPT。
5. 故事会讲述步骤：

（1）做放松小游戏，活跃现场气氛。来参观的小朋友比较拘束、紧张，所以增加了这个放松环节，让他们以轻松的心态来听这个故事。

（2）《神奇飞书》绘本展示以及作者的创作背景介绍。《神奇飞书》这本绘本其实是先有了动画短片才有书的，而且这个动画短片还获得了 2012 年奥斯卡金像奖最佳动画短片奖，该短片的导演也就是这本书的作者威廉·乔伊斯。书中提及的飓风是真实发生在威廉·乔伊斯的家乡的。

（3）配合《神奇飞书》PPT 进行故事的讲述。一位叫莫里斯的青年，他非常爱书，爱书里的故事和文字，他喜欢每天早晨坐在他绿色的小沙发上，写下他的悲伤和快乐，美好和希望。

可是，并非所有故事都是一帆风顺的。一场突如其来的飓风摧毁了他的家，摧毁了他所热爱的书。当他漫无目的地游荡时，遇到了一位美丽的姑娘，一群飞翔的书正带着她在空中飞舞。姑娘把自己最喜欢的一本书送给了莫里斯。这本书带着他来到一座神奇的房子前，当他慢慢走进房间，发现这里摆满了书，而且这些书还会不停翻动，似乎每一本都在邀请他阅读。于是，他住了下来，与这些书形影不离，整理书，给破旧的书做修补，或者是沉浸在某本书中。莫里斯还喜欢和别人分享这些书，让原本不爱看书的人喜欢上看书，进入缤纷多彩的世界。当然莫里斯还在继续写他自己的书，写下他的悲伤和快乐，美好和希望……

203

就这样,一天又一天,一年又一年。莫里斯已是一个满脸皱纹的老人了,有一天,莫里斯写完了最后一页,叹息道:"我想我该走了。"书籍们很伤心,但他们都知道,这一刻终会来临。莫里斯挥手告别,说:"我会把你们都放在心上。"

书籍们都张开书页带着莫里斯飞了起来,来到了他们初次相遇的地方,莫里斯又成为了青春少年……

莫里斯走了,但是把他写的书留了下来,有一天书籍们听到门外有轻微的响动,原来是一个小女孩,莫里斯的书飞向了小女孩,小女孩津津有味的看了起来……

(4)播放《神奇飞书》动画短片。短片中的关键事件和时间节点需要老师旁白介绍,因为这个动画短片是没有对白和字幕的。

先来做个放松活动吧!　　　　　　　　　　故事开始啦!

听得可认真啦!

6. 故事会拓展活动：

（1）图书馆知识以及借阅规则的介绍；

（2）由图书馆老师带队，参观少儿阅览室和绘本馆，并讲解应遵守的规则。

先来做个放松活动吧！　　　　　　　　　　故事开始啦！

绘本的魅力

7. 相关主题阅读推荐图书：《图书馆老鼠》《小红书》《我喜欢书》

8. 活动注意事项：

（1）建议先讲述绘本再播放动画短片，因为该短片没有文字对白。

（2）注意绘本当中几次人物颜色的改变。莫里斯来到书籍的家时由黑白色变为了彩色，听了莫里斯的分享爱上看书的人也变成了彩色，最后的小女孩也是由黑白色变成了彩色。

是谁嗯嗯在我的头上
——绘本故事会志愿培训分享会

故事主讲人：李韵楠　案例撰写人：周琦

1. 绘本适合阅读人群：3~6 岁
2. 绘本主题：诙谐幽默、知识类
3. 故事时长：50 分钟
4. 准备材料：《是谁嗯嗯在我的头上》PPT 课件、餐巾纸、剪刀
5. 故事会讲述步骤：

第一步：导入，提出有关拉便便的问题，提问："小鼹鼠的头上有个什么呀？怎么会这样啊？"

第二步：故事讲述。

（1）气愤的小鼹鼠。有一天，小鼹鼠从地下伸出头来，开心地迎着阳光说："哇，天气真好。"这时候，事情发生了！一条长长的，好像香肠似的"嗯嗯"掉下来，糟糕的是，它正好掉在小鼹鼠的头上。小鼹鼠气极了，他去找寻是谁干的。

（2）追寻嗯嗯的肇事者。一只鸽子飞过来，小鼹鼠问她：是不是你嗯嗯在我头上？"不是我！我的嗯嗯是这样的。"鸽子说完，一团又白又湿的嗯嗯，就掉在小鼹鼠脚边了！小鼹鼠只好跑去问牧场上吃草的马先生："是不是你嗯嗯在我的头上？""不是我！我的嗯嗯是这样的。"（做个撅屁股的动作，让小朋友来描述马先生的嗯嗯是什么样的。）小鼹鼠继续找到了小兔子、山羊、奶牛、猪先生来确认嗯嗯。

（3）帮助小鼹鼠找到肇事者。远远地，小鼹鼠又看见两个小家伙。"是不是你们……"他一面说一面走近他们，原来是两只又肥又大的苍蝇。小鼹鼠想："啊哈！我知道谁可以帮助我了。"

远远的,小鼹鼠又看见两个小家伙。
"是不是你们……"
他一面说,一面走近他们,原来是两只又肥又大的苍蝇。
小鼹鼠想:"啊哈!我知道谁可以帮助我了。"
他兴奋地问苍蝇:"到底是谁嗯嗯在我的头上?"

(4)找到肇事者。好哇!原来是这只大狗!大狗正在打瞌睡,小鼹鼠爬到他的屋顶上。"噗哧"一声,一粒小小的、黑黑的嗯嗯掉下来了,正好掉在大狗的头上。然后,小鼹鼠就钻回地底下去了!

大狗正在打瞌睡,小鼹鼠爬到他的屋顶上。

"噗哧"一声,一粒小小的、黑黑的嗯嗯掉下来了,正好掉在大狗的头上。

6. 故事会拓展活动：

活动拓展 1——分组表演故事；

活动拓展 2——角色扮演；

活动拓展 3——制作各种小动物的嗯嗯。

第一小组正在讨论角色

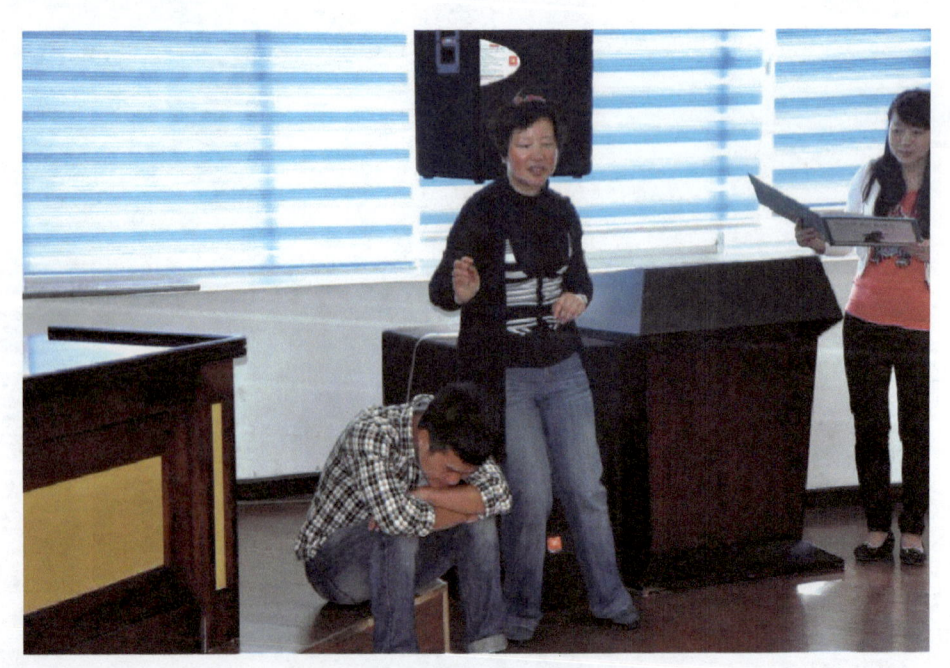

第二小组表演绘本故事

我的嗯嗯是这样的

7. 相关主题推荐图书:《拉便便》《鸽子拉便便》《便便大象》《嗯嗯太郎》《马桶的故事》《拉便便,真舒服》

8. 活动温馨提示:讲述故事中可以多用身体语言及描写形状的形容词,让小朋友们知道不同动物的嗯嗯是不一样的;引导小朋友大小便要入厕。

石头汤

故事主讲人：黄河　　案例撰写人：李艾莲

1. 绘本适合阅读人群：8~12 岁
2. 绘本主题：懂得付出
3. 故事时长：40 分钟
4. 准备材料：《石头汤》PPT 课件
5. 故事会讲述步骤：

第一步：导入

《石头汤》可以引发读者的好奇：石头能煮什么汤？从内而外透出的亮光，又传递了什么信息？

第二步：故事讲述

从图中可以看到四个人，其中三个人从外形看来，好像是和尚，另外还有一个小女孩。这四个人共同面对着一个发光的圆圈，圆圈从内而外发出亮光，画面的视觉聚焦处有三颗石头。

第一页以迂回的山路为远景，三个和尚为近景，延伸了景深，使读者了解到三位和尚是从远方长途跋涉而来的。从左到右的动线呼应了往前走的信息，文字交代了来龙去脉，也点出了和尚此行的目的。和尚来到这个村庄中，一扇扇紧闭的门与窗象征着村民封闭的心，他们敲扣着门扉，却打不开任何一扇门。以俯瞰的视角暗示高高在上、躲在窗后窥视的村民，他们正以轻视的态度观察着陌生人的一举一动。和尚和小女孩开始用石头煮汤，三颗石头摞起，如静坐的佛像，相当具有禅意。

对应着方形构图，以圆形为画面构图的中心，小女孩的背景通亮，配合屋顶的圆形弧度线条，产生流动感，更能呼应小女孩大步前进的动感。小女孩的动作象征太极推手，力求"画圆"，颇有"化缘"的禅意。

此时圆锅成为左页面画的中心，和尚不断在锅中搅动着汤，同样是"画圆"（化缘）的象征。四周人群大小不一的比例显示着人群由远而近，逐渐围拢过来，打破了以往不相往来的距离感。

从图文信息中逐渐串联起整本书所表达的深刻含义：石头汤不只是一个告诉人们如何通过分享找到快乐的故事，也探讨了人们不快乐的本质，以及如何从自我设限到圆融应对的人生哲学。

从绘本的场景、情境到意境，读者都可以体会到图画书不只是图画书那么简单。它能以小孩、猫的形象和生动的故事情节来亲近小读者，也可以通过图文中的禅意产生更深刻的解读；它不只能以图像清楚表述故事的情节或传递故事的信息，也能表现意味深远的禅意。

6. 故事会拓展活动：本领展示，故事描述。

7. 相关主题推荐图书：《记忆的瓶子》《机器人心里的蓝鸟》

8. 活动温馨提示：让小朋友知道，绘本其实能成为一种老少皆宜、雅俗共赏的艺术。

田鼠阿佛
——筑东大兴小学阅读推广教学公开课

故事主讲人：黄红梅　案例撰写人：周琦

1. 绘本适合阅读人群：8~12 岁
2. 绘本主题：肯定自我、团结合作
3. 故事时长：40 分钟
4. 准备材料：《田鼠阿佛》PPT 课件、打印文中朗读资料、各种树叶
5. 故事会讲述步骤：

第一步：导入。用提问的方式问问小朋友们现在是什么季节，这个季节有什么特点，用开放式的问题拉近距离，引发小朋友们的思考，吸引小朋友们的注意力。秋天过后就是冬天，冬天小动物们要怎么过冬呢？带着问题去听故事。

介绍本书作者（美国）李欧·李奥尼，他特别厉害，有很丰富的想象力，他的作品很多，以后小朋友们可以自己去看他的其他绘本。

第二步：故事讲述。

有一片草地，边上立着一堵老旧的石墙，石墙里面住着爱说爱闹的小田鼠一家。眼看冬天要来了，小田鼠们都开始储蓄各种粮食来过冬，只有阿佛例外。阿佛每天都没有干活，他在采集阳光、颜色、词语。当冬天的第一场雪飘落时，小田鼠一家吃着丰富的食物非常快乐。随着一天一天过去，食物几乎全部都被啃光了，小田鼠们感觉很冷，没有人想聊天。这个时候阿佛把他收集的阳光、颜色和词语拿出来与大家一同分享。

老师用词语讲述，让小朋友们闭上眼睛静静感受阿佛收集到的阳光的温暖，并让小朋友们猜测阿佛带来了哪些颜色，再让小朋友们睁开眼睛齐读阿佛带来的词语。

第三步：感受阿佛的特别。

让小朋友们体会阿佛的特别，他为小田鼠们一家人带来温暖的阳光、五颜六色的色彩、

动听的诗词，与大家快乐地度过了寒冷的冬天。

6．故事会拓展活动：

（1）朗读绘本中优美的诗；

课后同学们积极探讨

（2）拿出树叶和大家一起观察认识不同形状、不同颜色的树叶；

认真朗诵诗歌

7. 相关主题推荐图书:《小黑鱼》《一寸虫》《树真好》

8. 温馨提示：注意观看图画，感受画面的美感。

图书馆狮子

故事主讲人：黄河　案例撰写人：李艾莲

1. 绘本适合阅读人群：4~10 岁
2. 绘本主题：情感
3. 故事时长：40 分钟
4. 准备材料：《图书馆狮子》PPT 课件
5. 故事会讲述步骤：

第一步：导入。同学们，今天我给大家介绍一只特别的狮子。为什么他很特别呢？同学们你知道狮子生活在哪吗？（森林、动物园）但是我们今天介绍的这只狮子却在图书馆里，那人们在图书馆里看见他会不会害怕呢？他们之间发生了什么故事呢？我们一起来看看吧。

第二步：故事讲述。

有一天，有一头狮子走进了图书馆，他穿过柜台，来到图书区。狮子在图书馆里逛了一大圈，然后他趴在故事区，睡着了。大家都不知道该怎么办，因为图书馆没有任何和狮子有关的规定。但是时间长了不用别人交代，狮子都会主动帮忙做事情。这时，老师问同学们，你们如果看到狮子会害怕吗？同学们一起回答："会。"老师说："起初，图书馆里的人看到狮子是会紧张，但没过多久，他们就习惯了身旁有一头狮子走来走去。狮子在图书馆适应得很好，他走路很小声，尽管他的脚很大。"

突然有一天，发生了一件事，麦小姐在整理书的时候，从凳子上摔了下来倒在地上，爬不起来了。这时候狮子跑进大厅，想请马彬先生去帮帮麦小姐，它把它的两只巨大的前掌搭在柜台上，盯着马彬先生，指了指麦小姐的办公室。可马彬先生不理他。狮子实在没招了，只好盯着马彬先生的眼睛，张大嘴巴，吼出生平最响亮的声音。马彬先生喘着气说："你太吵了，你不遵守规定。"马彬先生快步走出大厅。狮子没有跟上去，他知道违反了规定，他低着头，往大门走去。

第二天以后，狮子再没有来图书馆了。大家都不停地东张西望，希望能看到狮子，但是狮子一直都没来。一天马彬先生走出图书馆，但是没有回家，他四处寻找，检查车子下面，检查树丛后面，检查后院、垃圾桶、树屋，都没有狮子。他转了一大圈，最后回到图书馆。狮子坐在图书馆门口，透过玻璃，往里望去。"嗨，狮子！"马彬先生站在狮子背后，狮子没有回头。马彬先生说:"我想告诉你,我们有一条新规定,只要有正当的理由,比如为了帮助受伤的朋友,在图书馆可以吼叫。"第二天,狮子回到了图书馆,麦小姐从椅子上跳起来,跑向大厅,高兴地抱起狮子。必要的时候,就算在图书馆里,也可以打破规矩的。

6. 故事会拓展活动:

(1)介绍些生活小常识,特别邀请了几位同学来做小常识的表演,通过表演来提高逻辑思维能力。

(2)表述,如果图书馆有一只狮子,大家有什么心愿,听听各年龄段学生不同的心声。

7. 相关主题推荐图书:《图书馆老鼠》《大鬼小鬼图书馆》

8. 活动温馨提示:书就像太阳一样给我们温暖、喜悦,连一只狮子都爱上了读书,同学们更应该爱读书、多读书。

不一样的卡梅拉：我想去看海
——阅读推广走进贵阳市贵乌社区

故事主讲人：黄 瑾　案例撰写人：黄瑾

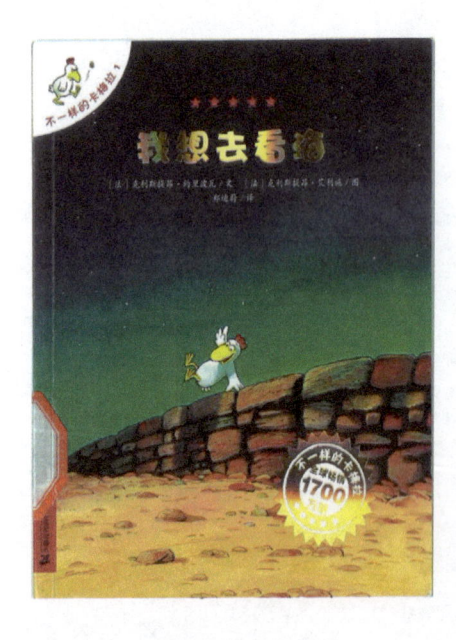

1. 绘本适合阅读人群：4~12 岁
2. 绘本主题：探索、成长、梦想
3. 故事时长：60 分钟
4. 准备材料：绘本《我想去看海》PPT 课件、火鸡、五月花号等感恩节相关图片、印第安人头饰、海浪声和海鸥叫声的音频、彩色心愿卡。
5. 选此绘本缘由：选此绘本的原因是整个故事内容极具创意，充满想象色彩、插图精美，小鸡卡梅拉和卡梅利多的形象惹人喜爱。书中充满了惊险情节和法式幽默，也不乏令人捧腹的段子。这个新意迭出的故事作为一种桥梁，把孩子和世界联系起来，让不同的文化背景在孩子心里留下最初的美好印象，温暖了孩子们的童年，陪伴孩子们的成长，点亮了孩子们的梦想……卡梅拉和它的孩子们不仅是一群小鸡，更是帮助孩子进行心灵探索的朋友。在社区做阅读推广时受众年龄可能有较大跨度，用此绘本都较易产生共鸣。

6. 阅读活动目标：

（1）通过讲述，引导孩子们爱上绘本，激发阅读兴趣。

（2）观察书本中的插画，让孩子们展开想象，提高口头表达能力和想象能力。

（3）教会孩子感知故事中小鸡卡梅拉勇敢和执着的精神，激励他们积极思考并寻找自己与众不同的人生。

项目活动篇

7. 故事会讲述步骤：

第一步：热身活动。

通过一道数学题"如果549=1，128=2，8416=3，7908=4，20989=5，68609=6，请问1234567=？"引导孩子打破常规，并自然引出不按常规出牌的故事主人公——卡梅拉。

第二步：走进《我想去看海》导入。指导学生首先观察纸质绘本的封面、封底，通过介绍两位童心未泯的图、文作者引发孩子一探究竟的好奇心。

第三步：阅读活动总结。

（1）小结：故事读到这儿，你知道卡梅拉哪里与别人不一样吗？心中有追求，不甘心过平淡、平庸的生活，有战胜困难的勇气。卡梅拉成功的关键是：她有自己独特的想法和见解，不人云亦云，且会将想法付诸实践。

221

（2）展望：给积极作答和勤于思考的同学发放奖品，让孩子们猜测小鸡卡梅利多会怎样实现它想要一颗星星的愿望？并告知这些妙趣横生的绘本可免费到图书馆借阅，且可以每周到省图少儿部听公益故事会，为孩子们播撒下阅读这颗幸福的种子。

8. 故事会拓展活动：

（1）句型模仿练习。通过模仿"睡觉，睡觉，总是睡觉……"这个句型帮助孩子适当发泄、排解苦恼并寻找解决之道，同时锻炼其口头表达和逻辑思维能力。

（2）表述心愿并写下来贴于心愿墙上。听听各年龄段学生不同的心声兼容并蓄、引发深度思考，达到混龄教学目的。同时，将口头表达的内容记录下来正是为锻炼孩子们的写作能力，且心愿墙上一个个心愿直观的张贴出来更显孩子的纯真和美好。

9. 相关主题阅读推荐图书：《不一样的卡梅拉》第 1~3 季和珍藏版共计 37 本图书。

10. 活动温馨提示：

（1）讲述需生动、多用肢体语言，激发小听众强烈的兴趣。

（2）在故事讲述中巧妙穿插历史知识和生活常识。

（3）注意孩子们在发挥想象的创意回答时勿简单否定。

备注：本次阅读推广活动于 2014 年 8 月 21 日在贵阳市贵乌社区开展，有近 30 名少儿参与，8 月 24 日《贵州都市报》以《母鸡卡梅拉带来快乐周末》为题在 AⅡ04 版做了近整版的报道。

小海龟和大海的歌

故事主讲人：张馨月　案例撰写人：张馨月

1. 绘本适合阅读人群：4~10岁
2. 绘本主题：爱的味道
3. 故事时长：40分钟
4. 准备材料：《小海龟和大海的歌》课件、背景音乐、诗歌《面朝大海·春暖花开》、小礼物
5. 故事会讲述步骤：

（1）导入：教师播放大海和海鸥的片段音乐，让孩子注意听并说出是什么声音，告诉孩子我们今天的绘本讲述的是一个在大海边发生的故事，再引入音乐《大海啊！故乡》让大家欣赏。

（2）讲述故事：给孩子展示绘本的封面，介绍作者，开启背景音乐，提醒孩子故事讲述将要开始请认真听，阅读完毕会有提问，参与问答的同学将会拿到一份精美的小礼物。在背景音乐中开始故事讲述。

6. 故事会拓展活动：

（1）提问环节：从沙滩到大海这短短的距离小海龟克服了哪些困难？是谁帮助了小海龟？生活中的我们遇到困难怎么办？（引导孩子们作答，给参与答题的孩子送上小礼物）

（2）互动：介绍海子的诗歌《面朝大海·春暖花开》，让孩子们跟着老师大声朗诵，最后在《面朝大海·春暖花开》音乐里老师跟孩子进入游戏。

7. 相关主题推荐图书：《想要月亮的猴子》《小鹿快跑》《迷路的小猫咪》《暴风雨后的小海豹》《最小的小熊》

8. 活动温馨提示：

（1）让孩子们感知生活中爱的存在，勇敢面对生活学习中遇到的各种困难，学会克服困难。

（2）给予孩子们最美好的祝福，愿他们积极、勇敢、阳光地成长！

张馨月讲述绘本　　　　　　　　　　　　　表情各异

聆听诗歌《面朝大海，春暖花开》　　　　积极回答问题

小猪变形记

故事主讲人：周萍　案例撰写人：李艾莲

1. 绘本适合阅读人群：7~10 岁
2. 绘本主题：探索、成长
3. 故事时长：40 分钟
4. 准备材料：绘本课件、《小猪变形记》PPT 课件
5. 故事会讲述步骤：

第一步：导入。小猪总觉得自己不幸福，认为做小猪很无聊。于是，它一会儿装扮成长颈鹿，一会儿装扮成斑马，一会儿装扮成鹦鹉……由此，它也遭遇了许多滑稽有趣、荒诞搞笑的事情。但最后，它还是想做一只快乐的小猪。小猪懂得了：做自己，最幸福。为什么呢？快去问小猪吧！

第二步：故事讲述。今天，我们请来了一位小客人，它是一位想变形的小动物，想知道它是谁吗？谁愿意来猜猜看。它就是小猪，你能用一些词语来形容小猪吗？（可爱，爱睡懒觉）请看大屏幕，这就是今天故事的主角。

小猪躺在树底下，很无聊，不开心。小猪想啊，总该找点什么好玩的事吧，我去找找看！于是它小跑着就出去了，跑到路边，小猪看到长颈鹿在吃树枝上的叶子。小猪瞪大眼睛，一个劲儿地盯着人家瞧，它觉得当长颈鹿一定很刺激，所以小猪决定要变成长颈鹿，于是，它做了一副高跷，小心翼翼地出发了。路上，它遇到了斑马，小猪说："嗨，下面那位，我是一只了不起的长颈鹿，我可以看到好远的地方。"斑马说："你不是长颈鹿，你是一只踩着高跷的小猪，你最好小心一点。"小猪气呼呼地走开了，但是没走多远，只听"砰"的一声，小猪摔倒了。小猪想：看来长颈鹿的生活并不适合我，我要去寻找更刺激的探险。没走两步，它又想到了一个好主意，它想，我变成斑马好了。（老师问：那斑马有什么特点呢？〈黑白条纹〉你觉得有什么好办法能让小猪变成斑马呢！小猪是用什么方法的呢？请看，它拿来颜料，给自己画了件奇妙的外套，然后就小跑着炫耀去了。）路上，它碰到了一只大象，"你看，我身上有斑马纹。"大象看着它说："你是一只身上画着斑马纹的小猪，你马上就……"哗啦，小猪漂亮的外套，被水冲了个一干二净，吓得它惊慌地叫了起来。"讨厌，当斑马还不如当小猪呢！我敢说，做大象一定更有趣……"还没等身上的水全干，小猪又想到了一个好主意！小猪在自己的鼻子上绑了一根长长的塑料管，在两只耳朵上绑了两片大树叶。然后它跺跺脚，又出门去了。"嗨！"小猪跟袋鼠打招呼，"我是一只了不起的大象！我能用鼻子喷水。""你不是大象！"袋鼠大笑着说，"你是一只鼻子上装了塑料管的小猪。"

小猪正想争辩，突然，它打了个大大的喷嚏，把塑料管喷飞了。"嗯——"小猪哼哼着："当大象一点儿都不好玩！不过，当袋鼠一定很有趣。"它马上又想到了一个好主意。小猪在自己的脚上绑了两个大弹簧，然后，它踩着弹簧，一蹦一跳地出门去了。"嗨！"小猪跟鹦鹉打招呼:"我是一只了不起的袋鼠!我能跳得跟房子一样高。""你不是袋鼠!"鹦鹉尖叫着说:"你是一只踩着弹簧的小猪,再说你跳得也不高。"鹦鹉真没礼貌,小猪气坏了,一心想跳给鹦鹉看。它跳得越来越高,越来越高……它跳到了一棵树上,被倒挂起来了!小猪挂在树上晃啊晃啊:"唉,要是我会飞该多好啊。"它气喘吁吁地从树上爬了下来。不过,这样一来,小猪又想到了一个绝妙的好主意!它找来羽毛和贝壳,给自己做了一对翅膀和一个大鸟嘴。然后,它拍着翅膀出门去了。"嗨!"小猪跟猴子打招呼,"我是一只了不起的鹦鹉!你的眼睛能看多远,我就能飞多远。""你不是鹦鹉!"猴子大笑着说:"你是一只披着羽毛的小猪,猪不会飞。"猴子说对了。小猪根本没飞起来,它就像一块大石头:"真倒霉!"它躺在泥潭中央,吧唧吧唧地拍打着泥巴:"事情都搞砸了,当小猪一点儿乐趣都没有!"它一头栽进了树下的泥潭里!就在这时旁边传来一个声音……"你说什么,当猪怎么没乐趣了?我就是猪,我在泥潭里面打滚,觉得很好玩啊。你快试试吧!"于是,小猪也跟着滚来滚去……它滚得越多,身上就越脏,身上越脏,他心里就越快乐!"太棒啦!"小猪高兴得大叫,原来当小猪就是最开心的事情呀!

6. 故事会拓展活动:

(1)观察图书,了解小猪烦闷的心情。老师提问:小猪的心情怎样?你怎么知道的?请同学们猜测小猪变成了谁,原因是什么。小猪为什么要做长颈鹿、斑马、大象、袋鼠、小鸟?请同学们来模仿小猪变形的样子和动作。

(2)请同学们在故事进行中,复述小猪等其它小动物的语言。运用较适当的词语来形容小猪失败的心情。老师提问:小猪都模仿了谁?结果怎样?小猪怎样才能得到快乐?你想对小猪说什么?你喜欢小猪吗为什么?揭示故事的结局,体会小猪快乐的心情。

7. 相关主题推荐图书:《小猪不会飞》《小猪佩奇》

8. 活动温馨提示:这个故事让我们明白,每个人都有各自的生活,都能享受到不同的乐趣,做自己是最幸福的事情。

鸭子骑车记
——阅读推广走进流动儿童学校

故事主讲人：邓 柯　案例撰写人：周 琦

1. 绘本适合阅读人群：3~6 岁
2. 绘本主题：勇于尝试、坚持不懈
3. 故事时长：40 分钟
4. 准备材料：《鸭子骑车记》PPT 课件、各种动物叫声的音频、自行车一辆
5. 故事会讲述步骤：

第一步：导入

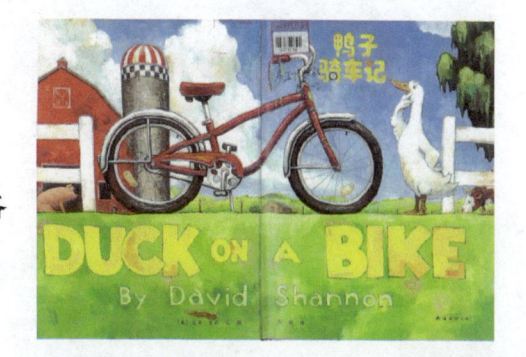

（1）提问小朋友们会不会骑自行车？骑车的时候发生了什么有趣的事？

（2）播放故事中遇到各种小动物的叫声，让小朋友们来猜。（伏笔）

（3）仔细观察画面，可以看到鸭子对着一辆红色的自行车正在思考，大家猜猜鸭子在想什么呢？鸭子和自行车会发生什么样的故事啊？

第二步：故事讲述

（1）突发奇想的鸭子。今天，我们要一起去一个美丽的地方。瞧，这是一片快乐丛生的农场，洋溢着温情的气息，我们的主人翁鸭子有个勇敢的想法——它要骑自行车！

（2）鸭子骑车上路。鸭子一摇一晃地爬上自行车，骑了起来，刚开始它骑得很慢而且摇摇晃晃，跌跌撞撞，它一点也不怕，还觉挺好玩的，于是它出发了。鸭子骑过母牛身边，冲母牛招了招手。"你好，母牛！"母牛应了一声，小声地嘀咕道："一只鸭子在骑车，这可是我见过最愚蠢的事了。"然而鸭子微微一笑，小声地说："我行，我行，我一定行！"（做动作）鸭子坚持自己的想法，继续向前骑着。这时他又遇见了绵羊，它冲绵羊打招呼："你好，绵羊！"绵羊对鸭子说："哼，不小心的话会跌一跤的。"

鸭子继续往前骑,这个时候鸭子遇见了谁啊?(提问)小狗说:"这可是真功夫啊!"

小鸭又遇见了小猫、小马。他们对鸭子说了什么啊?(PPT可将他们的语言设置为省略号,制造开放式问题)……

(3)集体骑车。突然鸭子想到骑单车比赛可以进行,小动物们全都看着单车,它们都想像鸭子一样自己骑单车。瞧,小动物们都骑上了自行车,并赞扬到:"鸭子,你的主意真棒!"大家来找一找小猫在哪里?小狗在哪里?绵羊在哪里?小老鼠在哪里?(培养小朋友们仔细观察的活动)

(4)得意的鸭子。鸭子背着手望着远方,大家猜猜它看到了什么?

(5)鸭子的新想法。鸭子对着红色的拖拉机,又做了一个思考的动作,大家猜猜它又有了什么新主意啊?(和前面鸭子对着单车思考的动作一致,前后呼应)

第三步:回顾故事

(1)再看一遍故事,仔细看看每个动物对鸭子说的语言,揣测动物的内心;

(2)仔细观察鸭子在骑车过程中身体姿势的转变:一摇一晃,转身,单脚站立……体现出鸭子骑车变得越来越娴熟;

(3)图文欣赏:仔细看看作者如何运用图画来体现人物性格。

项目活动篇

下图通过马在上方、鸭子在下方的安排，凸显马高高在上的自傲态度，作者巧妙地将马框在一个框架中，以此批判马因自傲而被自己的框架所局限的状态。

下图中鸭子居于上方，而老鼠位于下方，大小的对比，显示鸭子自信满满，而老鼠自卑的状态。该书有很多这种构图安排，生动地表现了角色内在的心理状态。

第四步：总结：虽然这些小动物对鸭子骑车各有各的想法，有的担心，有的嘲笑，有的不屑，有的羡慕，可是鸭子坚持着自己的梦想，它一直鼓励自己说："我行，我行，我一定行"最终学会了骑车。

全神贯注听故事

第五步：大家一起来骑车亲身体验一下。

我来学学鸭子骑车吧

6. 故事会拓展活动:(1)辨别小动物的叫声;(2)体验骑自行车。

7. 相关主题推荐图书:《勇气》《胡萝卜种子》《我喜欢自己》《没有做不到的事》

8. 活动温馨提示:重复"我行,我行,我一定行"!让小朋友们在学习生活中敢于尝试!

月亮之歌

故事主讲人：陈丹飞　案例撰写人：吴捷

1. 绘本适合阅读人群：3~8 岁孩子

2. 绘本主题：把握生活，需要自我意识的觉醒，坚持梦想

3. 故事时长：40 分钟

4. 准备材料：便利贴，笔，《月亮之歌》PPT 课件

5. 故事会讲述步骤：

第一步：导入

与现场小朋友进行互动，做自我介绍。为提高大家注意力，要求大家全体起立，做手指操游戏，一起说"我真的很不错，我真的很不错，我真的真的真的真的真的很不错"，同时配以手势加强现场效果。

第二步：故事讲述

（1）故事从封面开始，让小朋友们对封面进行观察和猜测，进一步引入故事情节："一只小刺猬站在一个小石头上，对着月亮放声歌唱，而且不时挥舞着双手，有点表演家、指挥家的姿势。因为这样的放开胸怀，因为这样的肆无忌惮，可以想象小刺猬应该唱得很好，拥有一副好嗓音，或者应该说小刺猬的台风很好，虽然没有观众，但是他还是很认真地表演着，如痴如醉。这样的夜晚我也喜欢，真想去听听刺猬到底唱了怎么样的一首好歌，忍不住也想跟着一展歌喉。"

（2）夜莺最会唱歌，但大家也知道小刺猬是不会唱歌的，小刺猬因为听了狐狸悦耳的音乐，萌发了想学唱歌的念头。站在美丽的月光下，小刺猬使劲地清了清嗓子，张开双臂高唱起来。你可以看到月亮原本安详得要睡觉的脸，都被刺猬惊醒了，而且松鼠直接用榛子砸他的头，说刺猬吵得他无法睡觉而且刺猬不是在唱歌而是在吼叫。刺猬只好去找夜莺学习唱歌,夜莺看到刺猬那么认真不忍心拒绝。其实她本想说"听上去实在是……太可怕了",但是看着小刺猬马克斯那充满期待的眼神,夜莺又改口说:"听上去实在是……确实是……有前途呢?"就这样夜莺开始教马克斯唱歌。虽然到最后,刺猬怎么练习都还是唱得很难听,连夜莺老师都受不了了。

(3)狐狸提议,让他参加合唱团。很多动物离开了,因为大家都知道刺猬唱得不好听,只有老狼、乌鸦和鹿留了下来。夜莺叹息地说:"你们唱得不是很好,也不是很糟,重要的是,你们各自都付出了努力。"而且乌鸦也开口说道:"也许,和一只夜莺相比,我们唱得不是很好。可是,对于乌鸦来说,没准他们还会认为我的歌声相当优美呢?""是呀是呀,在狼群中,我也是一个远近闻名的歌唱家呢。"老狼说。这时候马克斯想到一个主意,那就是举办一场音乐会,邀请了所有的刺猬、狼、乌鸦和鹿前来观赏,没想到,他们的演出非常成功。动物们都要求他们再次演唱《月亮之歌》。

故事的寓意:任何人都有追求梦想的权利和可能性。

6.故事会拓展活动:(1)让小朋友们写出自己的梦想并大声地说出来;(2)将写有自己梦想的便利条贴在白板上与大家一起分享;(3)大家一起大声喊"我真的很不错,我真的很不错,我真的真的真的真的很不错"。

235

7. 相关主题推荐图书：

《谁说乌鸦不会唱歌》《大脚丫跳芭蕾》《我……有梦》

8. 活动温馨提示：让小朋友们通过这个故事初步认识到评价事物的标准是什么，成功的标准在哪里。是该以别人为标准？还是以自己为标准？把握生活，是不是需要具有较为强烈的自我意识？是不是任何人都有追求梦想的权利和可能性？

音乐剧《黄雨伞》
——体验经典，展示经典

音乐剧编导：刘弋轩　案例撰写人：周琦

1. 绘本适合表演人群：6~10岁
2. 音乐剧演出时长：5分钟
3. 音乐剧活动内容：选取绘本《黄雨伞》，它是由韩国柳在守著绘、申东一作曲的一本无字绘本，该书荣获了2002年《纽约时报》年度最佳图画书、《纽约时报》好书奖、《父母杂志》年度好书、美国国家公共广播周末版回顾好书、美国国家公共广播世界推荐好书、国际儿童读物联盟（IBBY）残疾儿童图书奖等奖项。

4. 前期准备

（1）根据绘本《黄雨伞》改编剧本、设计表演角色及场景、制作《黄雨伞》配乐；

（2）购买黄雨伞一把，各种颜色的雨伞若干；

（3）DIY机器人服装。

5. 音乐剧演出内容

书中没有一个文字，作者们用可爱又生动的音符讲述着这个故事。音乐让阅读这本书的读者有了更加丰富的艺术体验，雨中的雨伞是那样神奇、那样美丽，让人惊叹，每把小伞下面都有一个秘密，伞和伞之间都有故事。钢琴演奏的乐曲带领着小读者们进入这个奇妙的雨中世界。在雨滴掉落的画面中可以听到明快的音符在跳动。音乐、节奏和图画书的画面相映成趣，从容而和谐，如梦境中看到的芭蕾般美妙绝伦。刘弋轩老师根据音乐精心设计了音乐剧情节，在雨天，伞和伞之间有这样一个故事，一个机器人和一群小孩子在快乐地玩耍，忽然天下起了大雨，孩子们很快散了。但机器人却被雨淋湿了，失去了活力……。

孩子们带着雨伞回来了,他们用爱心给予了机器人力量,机器人恢复了活力,和孩子们一起在雨中快乐玩耍!红、橙、黄、绿各色雨伞给观众绚丽的视觉美感,13名小演员们根据音乐变幻出月亮、彩虹、火车等图案,将绘本中的画面与音乐融为一体呈现给观众,达到了"视""听"合一,可谓美轮美奂。

和妈妈一起 DIY 机器人服装

雨中机器人和孩子们在一起

6. 音乐剧演出的意义

（1）通过表演的方式激发小朋友们的阅读兴趣。小朋友们将绘本内容内化后，以舞台艺术的形式演绎出来，锻炼了小朋友们的沟通协作的能力和自我表现的能力，排练过程中小朋友们非常快乐，亲身感受到故事角色的内心世界，更深刻地理解故事的精髓，感受音乐与画面和谐统一的美。

（2）机器人小演员涂晨欣的服装是由妈妈和她一起 DIY 制作的，制作服装的过程能增进母女的感情，锻炼小朋友的创造力和动手能力。服装在现场吸引了很多小朋友的眼球，成为演出的一大亮点，让小朋友感受到强烈的成就感。

（3）通过阅读经典，体验经典，展示经典，向观众们展示了经典作品的魅力。

7. 音乐剧的成效

成功的音乐剧演出得到了观众的一致好评。小演员们在排练中学习到舞台表演的基本技能，他们对演出非常感兴趣，希望今后能有机会参与更多的表演活动。

爷爷的肉丸子汤
——台湾故事屋创始人张大光亲临省图讲故事

故事主讲人：张大光　　案例撰写人：吴优优

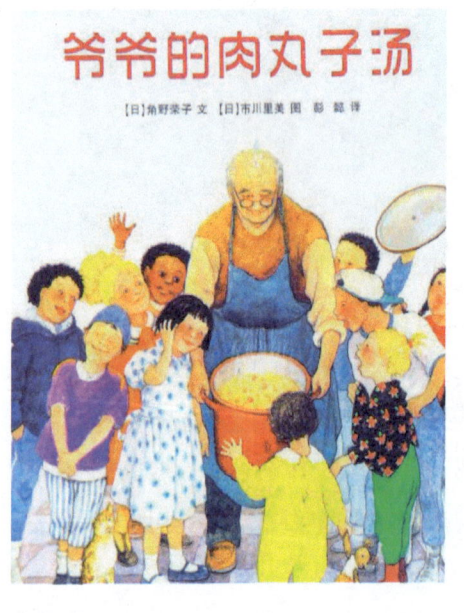

1. 适合阅读年龄段：5~8岁
2. 绘本主题：分享、亲情
3. 故事时长：40分钟
4. 准备的工具：《爷爷的肉丸子汤》PPT
5. 故事会讲述步骤：

（1）和小朋友进行互动，吸引注意力。参加故事会的小朋友年纪比较小，爱动、爱闹，所以需要先吸引他们的注意力，让他们进入到听故事的状态。

（2）进行故事讲述。一位爷爷无精打采地坐在沙发上，对面是空空的椅子，壁炉里没有火，一盆植物已经凋零，房间昏暗，老爷爷的心情也是这般昏暗。老奶奶去世了，把温暖的生活气息也带走了。

一天早上，老爷爷一睁开眼睛就嘟哝道："真想喝一口热汤啊，真想喝一口老奶奶做的肉丸子汤啊。"厨房的架子上，从小到大排列着五个锅。"我也来煮一锅丸子汤吧。只煮一个人的，这个锅就行。"老爷爷从架子上拿下来一个最小的锅。唱着老奶奶煮汤时唱的歌，"水开了，咕嘟嘟。肉丸子，揉成团。扑通！最后加上盐、奶油和胡椒一点点……"老爷爷去市场买回了肉馅，煮了一锅汤。汤一煮好，门外就响起了小小的脚步声，老爷爷把汤给它们盛到盘子里，吧唧，吧唧，吧唧，老鼠们喝完汤说了声"谢谢"，就回去了。锅里的汤只剩下了一小口，老爷爷把汤盛到盘子里喝了下去。然后，他歪着脑袋想："老奶奶煮的汤要更好喝。"这是为什么呢？于是老爷爷在接下来的每一天都会煮一锅肉丸子汤，一点一点地回忆老奶奶唱的歌谣，汤料也一点一点地增加了，小土豆、小洋葱，胡萝卜。与老爷爷一同分享的朋友也多了，小老鼠、小猫、小狗最后还来了个小孩！从最小的锅换成了最大的锅。老爷爷的生活也改变了，从一个人孤独地吃面包牛奶变成了和许多小朋友一起喝肉丸子汤。老爷爷的窗户也打开了，房间不再昏暗，换上了一束鲜花，老爷爷又开始乐观的生活了……

故事讲述中张爸爸（张大光）用丰富的肢体语言生动展示了老爷爷做肉丸子汤的场景以及与小朋友们一起喝汤的场景，并且和听故事的小朋友进行了毫无违和感的互动。把所讲故事真实地展现出来，让小朋友们如临其境，仿佛自己就是参与故事的人，这也许是张爸爸最大的魅力吧！

（3）最后是故事的升华，借这个故事传递对生命和亲情的理解。

老爷爷拿出了这么大的一个锅！

瓢画制作小老师

6. 相关主题推荐图书:《先左脚再右脚》《幸福的大桌子》

7. 活动温馨提示：参加故事会的小朋友年纪比较小，比较好动，注意力集中时间短，需要能够吸引注意力的语言和互动，故事会时间不宜过长。

爷爷一定有办法

故事主讲人：向红玲　案例撰写人：向红玲

1. 绘本适合阅读人群：5~12 岁
2. 绘本主题：亲情
3. 故事时长：45 分钟
4. 准备材料：课件《爷爷一定有办法》，一次性纸杯，剪刀，胶带，彩笔，彩纸
5. 绘本讲述过程：第一步：导入。今天，我给大家带来了一个有趣的故事，叫作《爷爷一定有办法》，它的作者是菲比·吉尔曼女士。

第二步：讲述故事。

（1）我们来看一下封面，封面上都有谁呢？

（2）内容

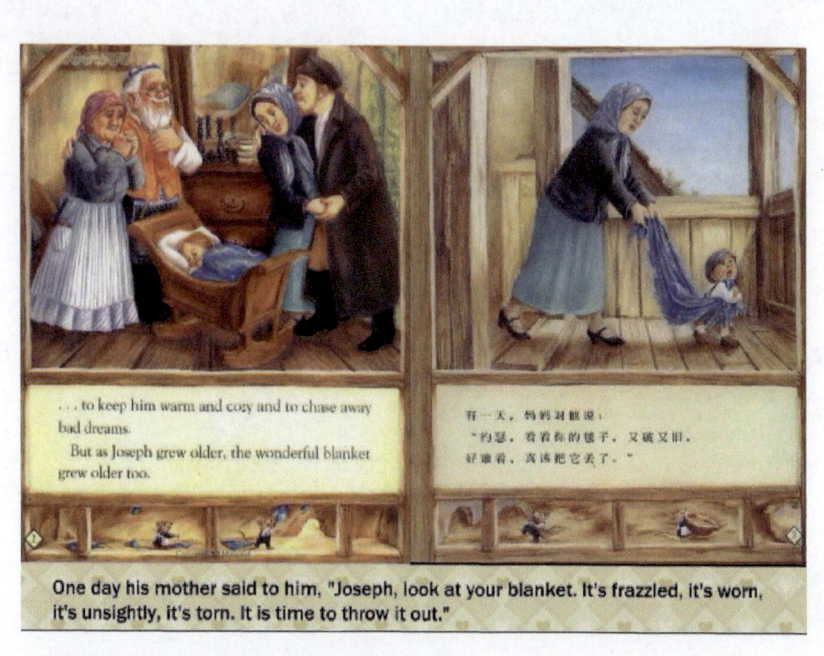

图4 　　　　　　　　　　　　　　　图5

图6 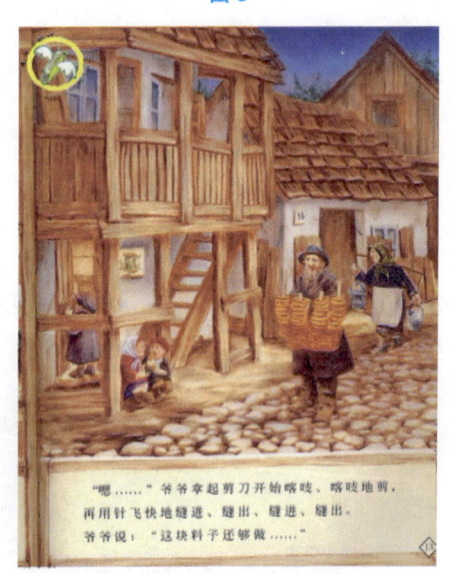　　　　　　　　　　　　　　　图7

　　教师总结：这是一个关于爷爷对约瑟的爱的故事，故事中爷爷将小时候给约瑟缝的毯子改了又改，最后改成了一颗小小的纽扣，被约瑟不小心弄丢了。活动延伸：在家里，你们有没有过废物利用的经历呢？都是怎么做的？

　　6. 故事会拓展活动：在教师引导下，用一次性纸杯制作小花篮。

7. 相关主题推荐图书:《田鼠阿佛》《花婆婆》《一片叶子落下来》
8. 温馨提示:(1)知道故事的基本内容,并大胆猜想故事情节的发展;
　　　　　　(2)能在教师引导下,进行废物利用,做出有用的东西;
　　　　　　(3)愿意分享自己的作品,体验分享的快乐。

这是我的!

故事主讲人：王 骏　案例撰写人：李艾莲

1. 绘本适合阅读人群：3~6 岁
2. 绘本主题：分享快乐
3. 故事时长：40 分钟
4. 准备材料：《这是我的！》PPT 课件
5. 故事会讲述步骤：第一步：导入。最近看了李欧·李奥尼的《这是我的！》这本书，我挺喜欢的。这是位大师，他的作品画风上明显和其他的幼儿绘本不同，但是孩子们都挺喜欢，他的另一本《小黑鱼》也是这种风格，我们也都非常喜欢。

第二步：故事讲述。

现在让我们来介绍今天的主角——米尔顿、鲁伯特和莉迪亚，他们住在彩虹池塘中央的小岛上，他们是三只自私的青蛙。他们一天到晚不停地争吵，生怕对方占了便宜。有一天，一只大蟾蜍来到他们面前，蟾蜍对他们说："我住在这座岛的另一头，可是总能听到你们在喊什么'我的！我的！这是我的！'一天到晚，叽叽呱呱，没完没了，让人不得安宁。你们不能再这样胡闹下去！"可是等蟾蜍刚一离开，他们就开始抢虫子了。突然，暴雨来袭，小岛即将被吞没，他们在幽暗、狂野的水中拼命挣扎。可是很快，连那几块石头也慢慢消失了，他们抱成一团，又冷又怕，瑟瑟发抖。他们挤在一起，共同面对困难，分享着同样的恐惧和希望。雨停了，洪水也一点一点地退去了，青蛙们不再吵闹了，也开始学会一起玩耍，一起分享快乐，慢慢地他们感到非常的快乐，而这种快乐是一种他们从未感受过的快乐。

6. 故事会拓展活动：在讲述故事时，老师特别邀请了三位同学来表演故事情节里的米尔顿、鲁伯特和莉迪亚，赢得了大家的一阵掌声。

项目活动篇

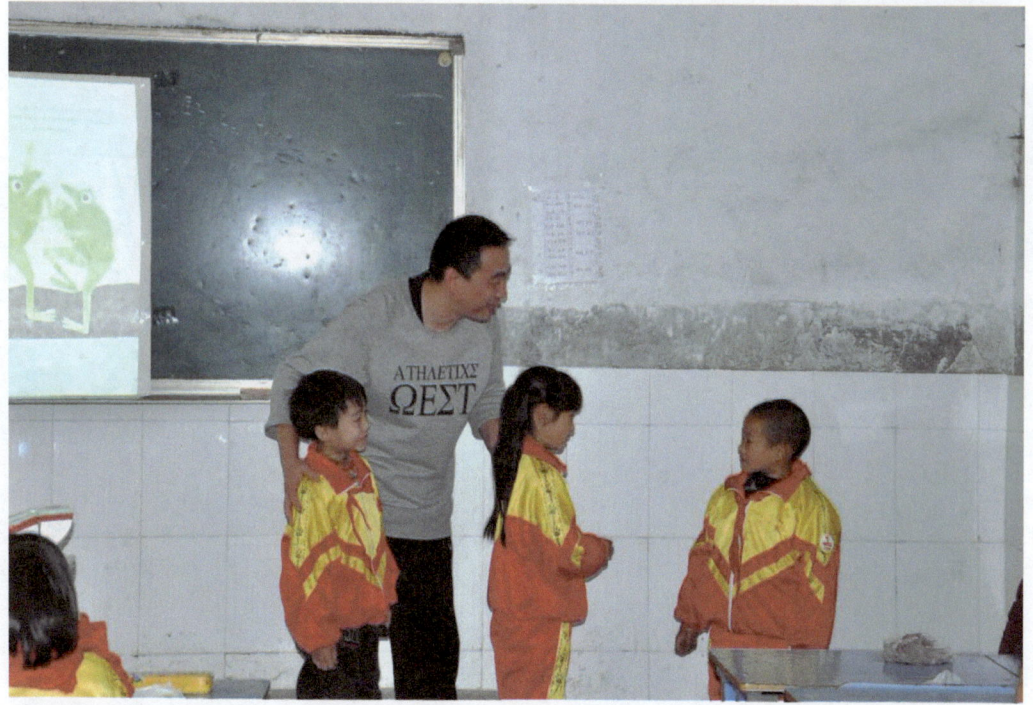

7. 相关主题推荐图书：《小黑鱼》《田鼠阿佛》《自己的颜色》《亚历山大和发条老鼠》。

8. 活动温馨提示：这个故事要让孩子明白，不要为一点私利争吵不休，团结合作才是最重要的。

附录

贵州省图书馆文化志愿工作获奖文件及证书

贵州省图书馆布客儿童阅读推广文化志愿服务团队荣获中央宣传部、中央文明办等11部门组织评比的学雷锋志愿服务"四个100"先进典型之最佳志愿服务组织证书

贵州省图书馆布客儿童阅读推广文化志愿服务团队荣获中央宣传部、中央文明办等11部门组织评比的学雷锋志愿服务"四个100"先进典型之最佳志愿服务组织奖牌

附录

文化部办公厅《关于公布 2017 年文化志愿服务典型名单的通知》(办公共函〔2018〕35 号)

附件：2017 年文化志愿服务典型名单节选

儿童阅读推广文化志愿服务项目获典型案例表彰

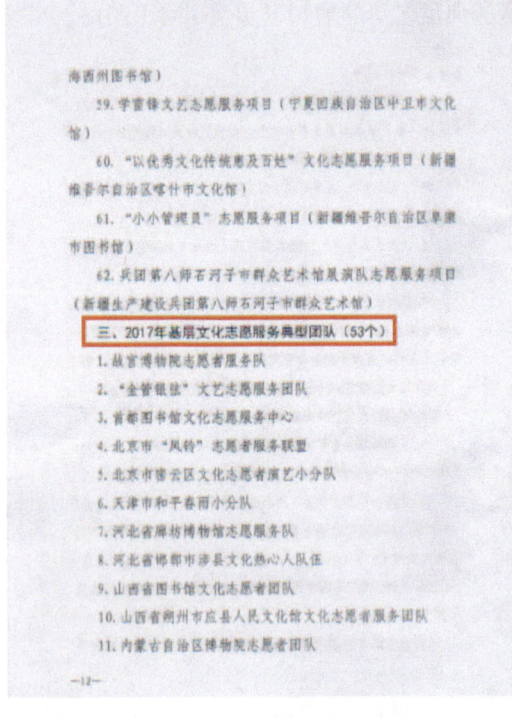

贵州省布客儿童阅读推广志愿服务队获典型团队表彰

贵州省布客儿童阅读推广志愿服务队获贵州省文化厅优秀文化志愿服务团队表彰

贵州省图书馆首批"新布客"儿童阅读推广五星志愿者

"新布客"儿童阅读推广志愿者团队是贵州省图书馆文化志愿服务团队中的特色队伍，专注儿童阅读推广公益活动的特色文化服务。我们在众多从事图书馆儿童志愿服务者中，评选出了表现突出的首批五星志愿者，以感谢他们为团队的发展做出了巨大的贡献。

刘雪飞女士，贵州省交通职业学院教师，在贵州省图书馆从事志愿服务工作达700多小时。

莫芸女士，原贵阳市文明办处长，长期义务支持和帮助阅读推广工作。

陈蓓女士，贵阳新闻综合广播《红帆船》栏目主持人，从媒体人的角度开展了大量阅读推广工作。

田瑞祥先生，2009年为贵州省图书馆少年儿童借阅室做室内公益设计。

吴思先生，2009年为贵州省图书馆少年儿童借阅室设计LOGO，这个LOGO成为我们今天"新布客"的标识。

廖梦先生，越野E族代表，和贵州省图书馆一起共建了花溪高坡等"布客"公益图书室。

黄红梅女士，为贵州省图书馆进行了多期志愿服务培训。

黄河先生，和我们一起在条件艰苦的西瓜村外来务工人员学校开展了三年阅读推广活动。

陈宇阳先生，早在2010年就为贵州省图书馆提供了绘本馆建设方案，使我们今天梦想成真。

东风老师，自2009年贵州省图书馆少儿部开放以来一直热心开展少儿朗诵培训。

刘雪飞 　　　　　　　　　　　　　莫芸

陈蓓 　　　　　　　　　　　　　田瑞祥

廖梦（左二） 　　　　　　　　　　黄红梅

吴思 　　　　　　　　　　　　　黄河

附录

东风老师

陈宇阳